where the wild things are

blühende lücke *blossoming gap* / hg. von martin rendel, rené spitz
© 2003 edition axel menges, stuttgart / london
isbn 3-932565-35-5

alle rechte vorbehalten, besonders die der übersetzung in andere sprachen.
all rights reserved, especially those of translation into other languages.

druck *printing*: druckhaus cramer, greven
buchbindung *binding*: bramscher buchbinder betriebe, bramsche

übersetzung *translation*: chiara zanini, mailand / lunn drabble, essen
entwurf *design*: rendel & spitz, köln
schrift *typeface*: frutiger condensed, transit italic
papier *paper*: schneidersöhne «gardapat 13» weiß / 135 g

architekten des gebäudes *architects of the building*: b&k+, köln

edition axel menges

martin rendel, rené spitz (eds.)   blühende lücke *blossoming gap*

inhalt

in gedanken	andrea branzi: schwach und diffus		8
in bildern	andrea branzi, ronan & erwan bouroullec entwerfend		18
in worten	franco bolelli: traue niemals einem logischen geiste		44
	michael kohtes: flosculus, geknickt		52
	peter köhler: raum ist in der kleinsten lücke		54
	jochen schimmang: altes gelände		60
	conway lloyd morgan: zwischenzeitlich auf den rängen		68
	reinhard siemes: die lücke als verkannte größe		74
der entwurf	blühende lücke		82
nachwort	wo die wilden kerle wohnen. nach maurice sendak.		108

content

in thouhgts	andrea branzi: **weak and diffuse**		8
in pictures	andrea branzi, ronan & erwan bouroullec designing		18
in words	franco bolelli: **never trust a logical mind**		44
	michael kohtes: **flosculus, bowed down**		52
	peter köhler: **there is space in the smallest gap**		54
	jochen schimmang: **old terrain**		60
	conway lloyd morgan: **meanwhile in the bleachers**		68
	reinhard siemes: **the gap as an unappreciated quantity**		74
the design	**blossoming gap**		82
epilogue	where the wild things are. with apologies to maurice sendak.		108

in gedanken *in thoughts*

andrea branzi, milano

schwach und diffus

das 21. jahrhundert beginnt allmählich, ohne allgemeine pläne oder einzigartige modelle für neue entwicklungen. nach einer langen zeit gewaltiger umwälzungen und revolutionen (das 20. jahrhundert), verursacht durch die mechanik und ihre suche nach starken symbolen und endgültigen lösungen, beginnt ein neues zeitalter, gekennzeichnet durch endloses warten und fortschritt ohne einen einzigen zweck.

lassen wir die mächtigen und geballten kathedralen der alten modernität hinter uns, beginnen wir statt dessen damit, online kognitive prozesse zu nutzen und sowohl umkehrbare als auch stille umweltveränderungen zustande zu bringen. unsere modernität ist eine neue modernität, die die schwachen und diffusen energien der natur umwandeln kann. energien, die keine lärmende mechanik erzeugen, sondern – wie die sterne und planeten es tun – alle ozeane dieser welt emporheben können, jede nacht, und ohne einen winzigen laut.

der begriff der «schwäche», wie wir ihn benutzen, bezeichnet keinen fehler oder defekt. im gegenteil, er bezeichnet

Weak and diffuse

The 21st century is starting slowly, with no general plans or unique models of development. After a long period of violent transformations and revolutions (the 20th century), brought about by mechanics and its search for strong symbols and final solutions, a new era begins, marked by endless waiting and progress without any single purpose.

Let us leave behind us the powerful and concentrated cathedrals of the old modernity, let us start instead to use online cognitive processes and to bring about environmental transformations both reversible and silent. Our modernity is a new modernity able to transform the weak and diffuse energies of nature; energies which do not produce the uproar of mechanics but, as stars and planets do, can lift up all the oceans of the world, every night, and without making a sound.

The concept of «weakness» we are referring to does not suggest any flaw; on the contrary it suggests new forms of perception and transformation of the world, following diffuse processes, reversible strategies, crossable perimeters

vielmehr neue formen der wahrnehmung und umwandlung der welt, die diffusen prozessen, umkehrbaren strategien, kreuzbaren perimetern und unscharfer anstatt geometrischer logik folgen. er bezeichnet die tugend der einfachheit und behutsamkeit, eingeschlossen in all den unvollkommenen und unvollständigen modellen, die dehnbaren strategien folgen und daher sowohl das neue begreifen als auch dem unerwarteten begegnen können (die damit einhergehende komplexität inbegriffen).

und so entsteht eine neue modernität, näher an der natur und an den unaufhörlichen innovationen, welche die natur hervorbringt. sie folgt den klimatischen, genetischen und geologischen energien der agrikultur und ist in der lage, serielle blüten zu erzeugen, diese duftenden gärten, in denen die technologie den zenit ihrer ästhetischen leistung erreicht.

zygmunt bauman spricht von einer flüssigen modernität, die keine eigene form besitzt, sondern zu einem temporalen transformationsfluß tendiert. diese modernität wird zu ihrem eigenen richter und verfolgt so ihre eigene modernisierung. sie erfaßt paradigmen, wo individuelle freiheit mit all den

and «fuzzy» logic rather than geometrical. It suggests the virtue of modesty and caution enshrined in all those imperfect and incomplete models that follow elastic strategies and can therefore grasp the new as well as face the unexpected (the complexity that descends from it included).

And so a new modernity comes to life, closer to nature and to the constant innovations nature generates; it follows the climatic, genetic and geological energies of agriculture, and is able to produce serial flowers, those redolent gardens where technology reaches the zenith of its aesthetic performance.

Zygmunt Bauman tells us of a Liquid Modernity which does not possess a form of its own but tends to follow a temporal flow of transformations. This modernity becomes its own sole judge, pursuing its own modernisation. It realises paradigms where individual freedom coincides with all the liquefaction processes of the general system.

This ultimate coincidence of subject and system, individual and society, brings about a new definition of a metropolis as a large genetic deposit: a urban reality where architec-

verflüssigungsprozessen des allgemeinen systems zusammentrifft.

dieses elementare zusammentreffen von subjekt und system, individuum und gesellschaft, erzeugt eine neue definition einer metropolis als großes genetisches depot: eine urbane realität, wo architektur nichts als ein schwaches verbindendes system begründet, verknüpft mit einer masse humaner präsenz, beziehungen, interessen und austausch, die den raum vollständig ausfüllen.

daher ist die metropolis des computerzeitalters keine hauptstadt der technologie, sonder vielmehr menschliches territorium, mit der fähigkeit, seine dna mit der anderer zu verbinden, innerhalb einer sich austauschenden wirtschaft und der verbreitung von handel. die tiefe und leichte energie eines baumes nährt all die technologien, sowohl ästhetisch als auch strukturell, einer neuen architektur.

ture establishes nothing but a weak connective system linked to a pile of human presence, relationships, interests and interchanges that fill the space entirely.

Therefore the metropolis of the computerised age is not a capital of technology, but rather humanness territory, in its full ability to connect its DNA to that of others, within an economy of interchange and the spreading of trade. The deep and light energy of a tree feeds all the technologies, both aesthetic and structural, of a new architecture.

andrea branzi:
illustration aus *illustration from*
«genetic tales» – collezione alessi
2000

in bildern *in pictures*

links *left*
ronan & erwan bouroullec
rechts *right*
andrea branzi

st. denis, 1.8.2002

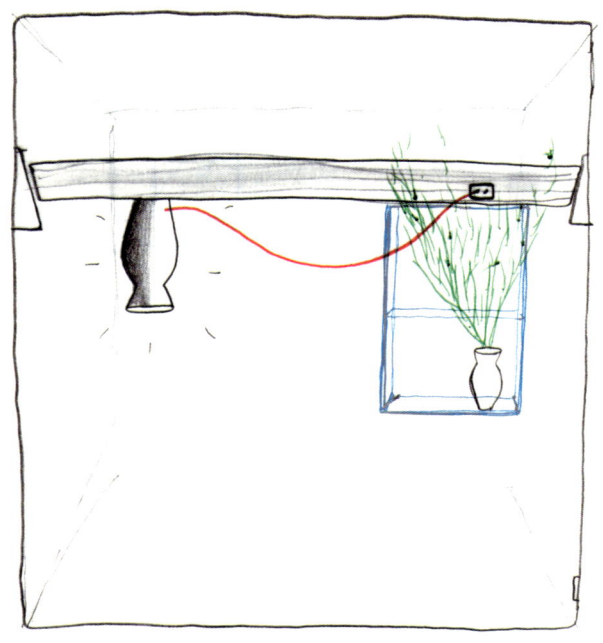

st. denis, 22.9.2002

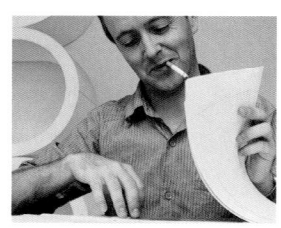

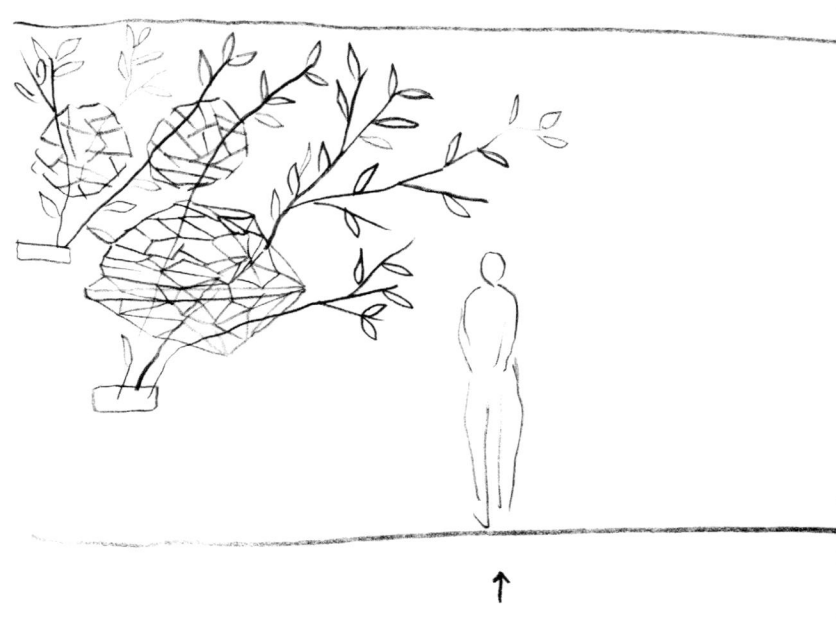

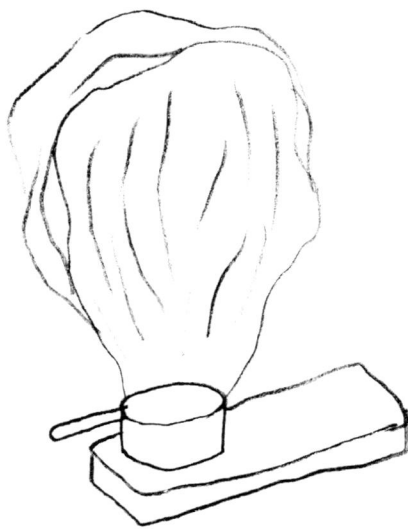

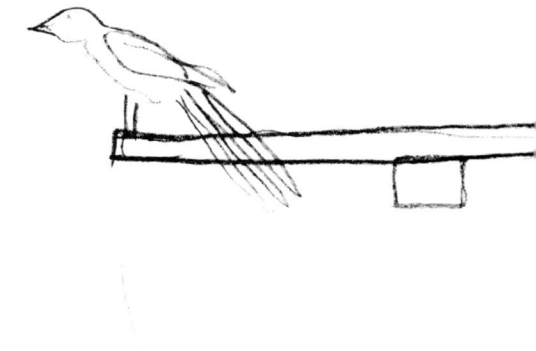

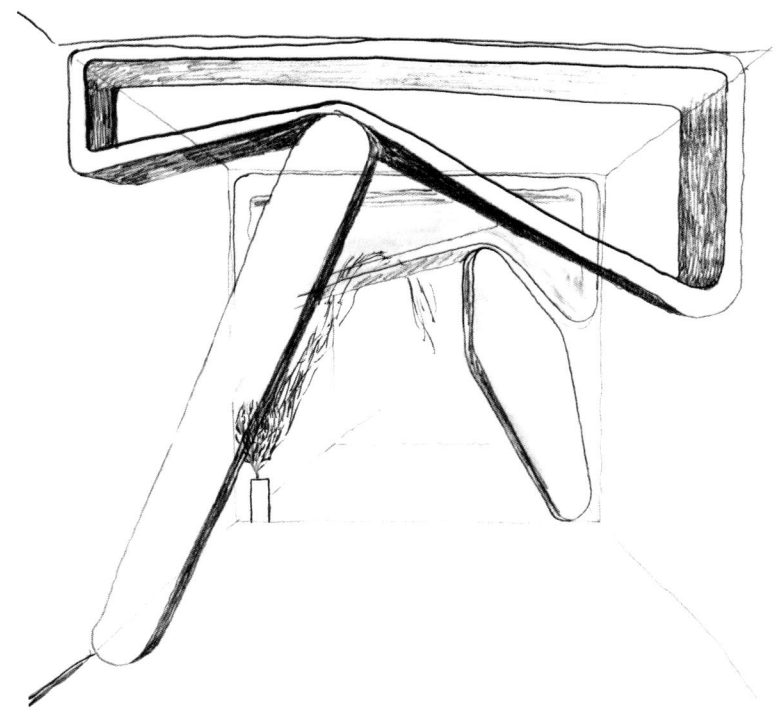

berthold roling

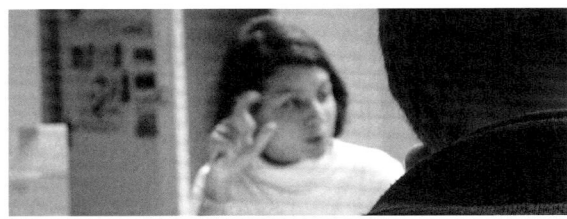

olivia herms

nicoletta morozzi

perrine vigneron

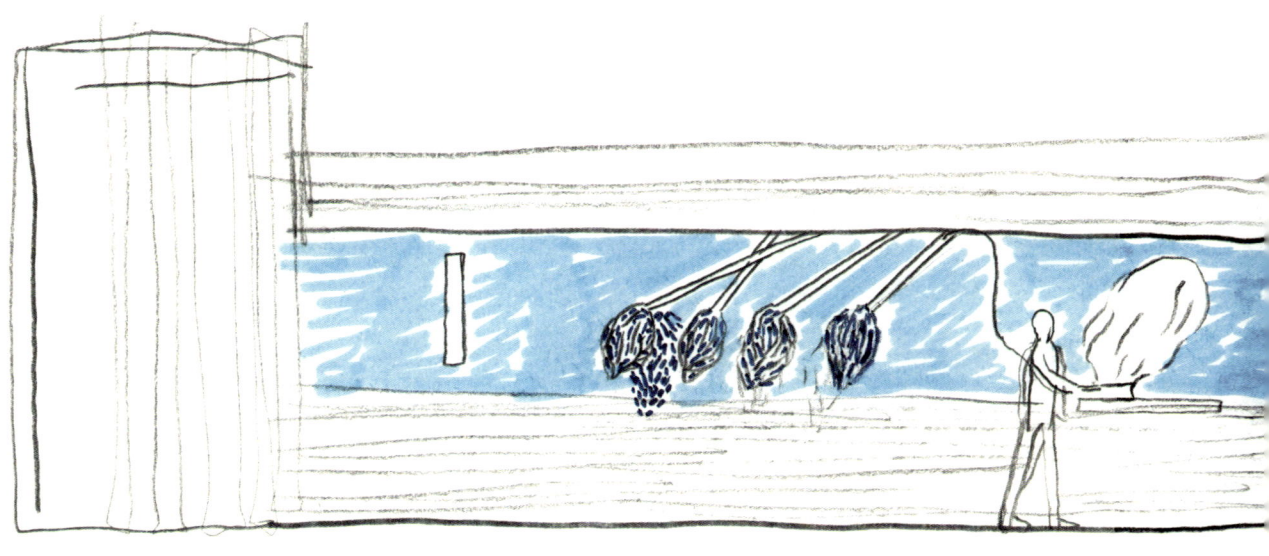

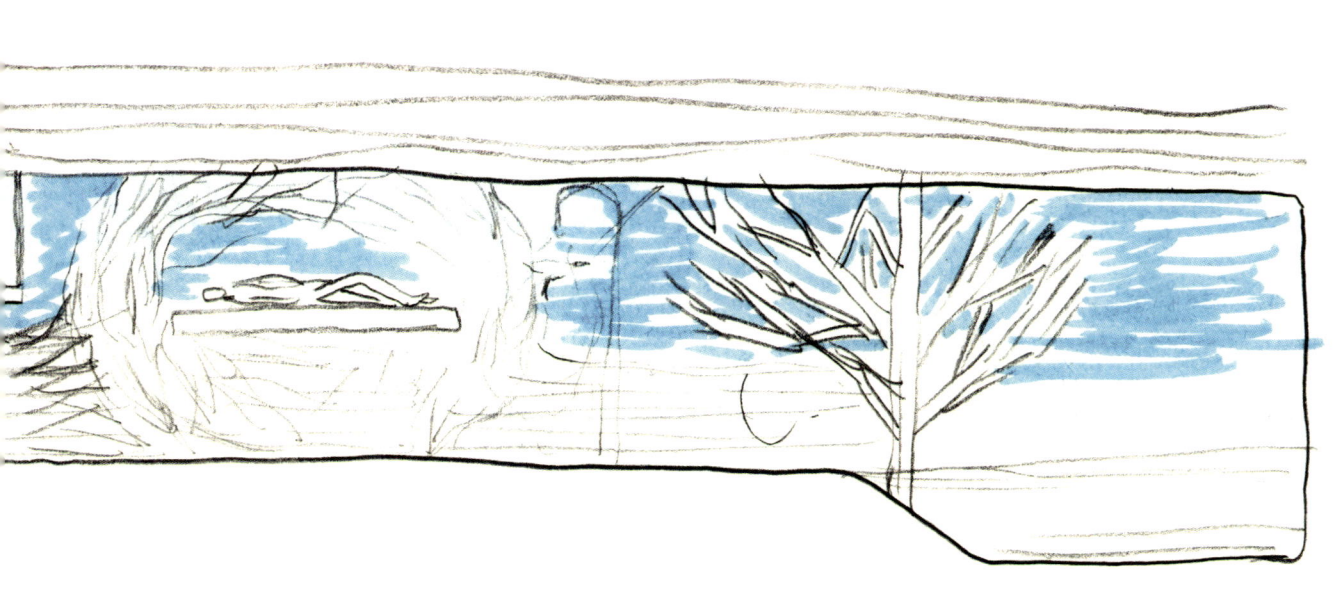

in worten *in words*

franco bolelli, milano

traue niemals einem logischen geiste

er mag funktioniert haben in der alten welt der mechanik, ordnungsfolge und linearität. in der welt der simultaneität, der unmittelbaren kommunikation, des grenzenlosen raums und der möglichen verbindungen zu allem und jedem jedoch wäre das festhalten an einem geist logischer konzepte wie schwimmen mit einem amboß in der hand.

erinnern sie sich noch an die zeit, da logisches denken eine zukunft kalter, glatter robotertechnik unter der herrschaft eines zentralen geistes voraussagte? nun, schauen wir uns doch einfach mal um … kann sich irgendjemand an das wort «virtuell» erinnern? vor etwa zehn jahren hatte der logische geist die vision, daß sich die welt allmählich in einen ort virtueller und abstrakter realitäten verwandeln würde. das internet würde die physische welt aufheben. das war natürlich unsinn. in derselben art beklagen viele der heutigen intellektuellen das verschwinden der menschlichkeit unter dem gewicht einer progressiven technologie, die alles vereinnahmt. aber damit liegen sie falsch, wie so häufig. weil sie weder die technologie kennen noch solche menschen, denen das experimentieren und kreieren am herzen

Never trust a logical mind

It might have worked in the old world of mechanics, sequences and linearity. In the world of simultaneity, instant communication, boundless space and possible connections to anything and anyone, holding on to a mind of logical concepts would be like swimming with an anvil in our hands.

Does anyone recall the time when logical thought was foreseeing a future of cold and polished robotics dominated by a central mind? Well, let's just take a look around us … Does anyone remember the word «virtual»? About ten years ago the logical mind imagined a world gradually turning into a place of virtual and abstract realities, it imagined that the Internet would do away with physicality. It was nonsense, of course. In the same way a lot of today's intellectuals bemoan the flaking of humanness under the weight of a progressive technology that absorbs it all. But they are mistaken, as they often are. Because they do not know technology, and neither do they know those human beings with a bent to experiment and create. They are mistaken because they do not realise how technological

liegt. sie liegen falsch, weil sie nicht erkennen, wie technischer fortschritt den biologischen fortschritt tatsächlich verbessert. sie liegen falsch, weil sie nicht erkennen, daß das paradox – und nicht etwa die logik – die eigentliche kraft ist, die den metabolismus des menschlichen lebens ankratzt. und genau über das möchte ich sprechen. hier und jetzt.

zunächst das paradox. das paradox ist die am besten entwickelte form menschlichen denkens, es gehört zu den kräften, die die welt und ihre natur zu ändern in der lage sind. gerade die form des menschlichen denkens, die sich auf die neue, globalisierte welt einstellen kann. paradox ist der pfeil der klarheit, die art des geistes, die es uns ermöglicht, das universum globaler telekommunikation besser zu verstehen und uns überdies darin wie ein fisch im wasser zu bewegen. die geschichte hat weitaus vagere und wesentlichere ursprünge, wohingegen das paradox nichts als ein reflex auf den fluß und die vielfalt des biologischen lebensprozesses ist. der menschliche geist ist im gegensatz dazu allzu oft unfähig, der versuchung zu widerstehen, alles zu bestimmen und künstlich zu kategorisieren.

wenn es eine einzige sache gibt, die höchst und organisch paradox ist, so ist es der biologische prozeß, der – wie wir wissen – niemals einem linearen mechanismus folgt. es ist daher klar, daß das paradox keineswegs künstlich oder extravagant ist, sondern in der tat ganz einfach: mechanische starrheit ist tatsächlich die unnötig komplexe sichtweise. die einteilungen des logischen geistes mögen uns normal erscheinen, aber in wirklichkeit sind sie nicht natürlich. im gegenteil, es ist natürlich, sie abzubauen und durcheinander zu wirbeln.

progress is actually improving biological progress. They are mistaken because they do not realise that paradox, and not logic, is the very force that scratches the metabolism of human life. And this is exactly what I would like to talk about. Right now. Right here.

Paradox, to start with. Paradox is the most developed form of human thought, the one that can tune in with those streams that are able to change the world and its nature. The very form of human thought that can tune in with the new globalised world. Paradox is that dart of brightness, that way of the mind which allows us to better understand the universe of global technocommunications and moreover to move in it like fish in the water. History has far more remote and quintessential origins, paradox being nothing but a reflex of fluency and multiplicity in the biological process of life. The human mind, on the contrary, is all too often unable to resist the temptation to fix and artificially categorise everything.

If there is one single thing deeply and organically paradoxical, it is the biological process, which, as we see, never follows any linear mechanism. It is clear, then, that paradox is no way artificial or extravagant, but really quite simple: mechanical rigidity is actually the uselessly complex view. The logical mind's partitions may seem normal to us, but in fact they are nothing natural. On the contrary, it is natural to disassemble and stir them up.

We can therefore easily affirm, with an extremely paradoxical thought, that paradox is simply the most developed

wir können daher durchaus bestätigen, mit einem extrem paradoxen gedanken, daß das paradox einfach die am besten entwickelte form des gesunden menschenverstandes ist. und zwar weil das paradox dort eine verbindung herstellen kann, wo die logik eine trennung sieht. eine welt, die sich ständig vorwärts bewegt, erfordert mehr und mehr biologische essenz. das ist ein paradox. und wenn sie einen weiteren beweis dafür suchen, wie gut das paradox in die neue fortschrittliche welt paßt, denken sie über folgendes nach: wir leben in einer zeit, in der beziehungen als das wertvollste aller produkte gelten, und das paradox ist genau der gedanke der beziehungen. vergessen wir das ding an sich, wie der unerträgliche kant es postulierte. wenn wir über etwas an sich nachdenken, nehmen wir dem ding den atem; wenn wir getrennte gedanken denken, denken wir tote gedanken. paradox ist die begegnung; es ist das einstellen, es ist die koevolution der dinge. denn in jeder beziehung ist es die chemie, auf die es ankommt, ist es das wechselnetzwerk, ist es das, was in der aufwallung geschieht: all dies entgeht dem logischen geist, obwohl er sich gehorsam einem paradoxen ergibt.

durch das paradox kann man erfahren, daß uns nichts aus eigenem antrieb gegeben wird, daß nichts allzu lang an seinem platz bleibt, daß es genügt, unseren standpunkt leicht zu verschieben, um eine breitere und reichere vision des raums und all dessen, was ihn ausfüllt, zu erlangen. außerdem besteht die große anerkennung, die wir dem paradox schulden, darin, daß es uns lehrt, daß instabilität und ungleichgewicht keineswegs bedrohungen für uns darstellen: nicht nur weil sie – was auch geschieht – organisch zum

form of common sense. That is because paradox can see connection whereas logic sees disjunction. A world that continues moving forward requires more and more biological essence. That is a paradox. And if you wish for further proof of how well paradox fits the new advanced world, think about this: we live in times that regard relationships as the most precious of all products and paradox is exactly the thought of relationships. We can forget about the thing-in-itself as postulated by the unbearable Kant. When we are thinking about something in itself, we are taking its breath away; when we conceive separate concepts we actually conceive dead concepts. Paradox is the encounter; it is the tuning, it is the co-evolution of things. Because in any relationship it is the chemistry that counts, it is the interchange network, it is what happens in the surge: all this escapes a logical mind though it submissively surrenders to a paradoxical one.

Through paradox you can learn that nothing is given to us motionless, that nothing keeps its place too long, that it is enough to shift our point of view slightly to gain a wider and richer vision of space and of anything that fills it. Besides, the great credit we owe to paradox consists in teaching us how instability and imbalance are in no way threats to us: not just because for better or worse they belong organically to the life process, but because first of all we can use them as tremendous sources of energy. Surfing teaches us the same: you use the wave's power and motion to ride it and to find your own direction. Several martial arts teach us the same: you use your opponent's strength as the fulcrum to multiply and amplify your own

lebensprozeß gehören, sondern weil wir sie in erster linie als enorme energiequellen nutzen können. beim surfen lernen wir dasselbe: wir nutzen die kraft und bewegung der welle, um auf ihr zu reiten und unsere eigene richtung zu finden. verschiedene asiatische kampfsportarten lehren uns dasselbe: man nutzt die stärke des gegners als hebelpunkt, um die eigene stärke zu multiplizieren und zu vergrößern. die legendäre dreiecksoffensive von phil jackson (einst michael jordans überwältigender coach bei den chicago bulls, jetzt kobe bryants bei den los angeles lakers) zeigt uns dasselbe: die abrupten, flexiblen und kontinuierlich wechselnden geometrischen linien, die ihre spieler verfolgen können, während sie sich ständig auf dem platz bewegen, ermöglichen es ihnen, die gegnerischen defensivstellungen auszunutzen.

so können wir uns von dieser wirklichen pathologie (durch jahrhunderte mechanischer und linearer kultur geschaffen) befreien, die in allem, was sich bewegt, einen grund zur angst sieht. obwohl bewegung, veränderung und evolutionsprozeß natürliche zustände sind, würde ein logischer geist versuchen, sie auf unnatürliche weise festzulegen und starre, unveränderliche regeln aufzustellen.

das ist es, was es bedeutet, wenn wir sagen, daß die neue globale und miteinander verbundene welt uns nicht vom menschlichen wegtreiben kann, sie treibt uns nur von einer eng gefaßten vorstellung des menschlichen weg. weil es – abgesehen davon, daß es absurd ist – wahrhaft verheerend wäre, wenn menschliche wesen von dem bewußtsein ihres vitalen erbrechts abgelöst würden, gerade zu beginn einer neuen ära, die dazu bestimmt ist, die ausdehnung des biolo-

strength. The legendary triangle offensive run by Phil Jackson (once Michael Jordan's overmastering coach with the Chicago Bulls, now Kobe Bryant's with the Los Angeles Lakers) teaches us the same thing: the sudden, flexible and continually changing geometrical lines that your players can trace while constantly moving on the court allow you to take advantage of the opponent's defensive adjustments.

This is how we can set ourselves free from that real pathology (generated by hundreds of years of mechanical and linear culture) which considers everything that moves a cause of anxiety. Although motion, change and the evolving process are the natural state of things, a logical mind would try unnaturally to fix them and establish firm stable rules.

That is what it means when we say the new global and interconnected world cannot push us beyond what is human but merely beyond a narrow idea of what is human. Because, apart from being absurd, it would be truly disastrous if human beings were left detached from the awareness of their vital legacy right at the beginning of a new era destined to revolve around the expansion of what is biological (as Kevin Kelly wrote, «the future of our technology leads to the rise of a neobiological civilization»).

What complexity theoreticians could never grasp is that even if it is true that our living condition is quite complex, and as a matter of fact it is as complex as it gets, still it is the dynamics that are so complex whilst the essence of things remains absolutely simple.

gischen zu erwägen (wie kevin kelly schrieb, «die zukunft unserer technologie führt zur entstehung einer neobiologischen zivilisation»).

was die theoretiker des komplexen nie begreifen konnten, ist, daß selbst wenn es stimmt, daß unsere lebensbedingungen sehr komplex sind – und sie sind es in der tat – es immer noch die dynamik ist, die so komplex ist, während das wesen der dinge durchaus einfach bleibt.

und genau diese komplexität, die sich bisher als unkontrollierbar durch irgendwelche pläne, systeme, logische rahmenbedingungen oder zentralisierungsbestrebungen erwiesen hat, hat keine einschränkungen in bezug auf das wesentliche des biologischen metabolismus. auf diese weise nehmen absolute pluralität und extreme komplexität nicht gestalt an in einem triumpf des chaotischen, sondern im gegenteil: sie legen sie sich perfekt um das wichtigste biologische prinzip. ein herkömmlicher geist faßt eine ehe zwischen natur und technik als etwas schwieriges und beschwerliches auf, aber das ist eine denkart, die die dinge nur noch schlechter macht als sie ohnehin schon sind. denn technologien können vielmehr einfach eine erweiterung des menschlichen projekts sein als ein ersatz dafür oder eine überwindung desselben.

auf diese weise nährt eine ehe zwischen dem organischen und dem technischen die endlose pluralität des lebens, anstatt alarmierende kreuzbefruchtungen hervorzubringen. genau wie die natur die größte vielfalt biologischer spezies hervorgebracht hat, so entspringt heute die neue natur der

And that very complexity which has by now turned out to be unmanageable by any plan, system, logical framework or centralisation, lets itself go with no restraint towards the essentiality of biological metabolism. That way, absolute plurality and extreme complexity do not take shape in a triumph of chaos, but on the contrary they perfectly mould themselves around the main biological principle. A conventional mind perceives a marriage between nature and technology as difficult and troublesome, but this is a belief that just makes things worse than they already are. For technologies can simply be an extension of the human project rather than a substitute for or an overcoming of it.

In this way a marriage between the organic and the technological nourishes the endless plurality of life instead of bringing about alarming cross-fertilisations. Just as nature has given rise to the greatest variety of biological species, so in the same way today the new nature originates from the expansion of infinite forms of life and the infinite relations or combinations among them. This is the new playground, this is the very essence of the globalised world. As Andrea Branzi writes, «the genetic metropolis is a metropolis where society's biological energies tear loose and reach their maximum level of liquefaction, fully penetrating any infrastructure and overflowing any possible designed form of restraint». It is not through inanimate perfection but through imperfect vitality that the project of evolution really comes true. This evolution project is so big that it also embraces the artificial and technological world. In the end, biology is and always will be the most advanced of technologies, multiplying the plurality of relationships, events,

erweiterung infiniter lebensformen und den infiniten beziehungen oder kombinationen zwischen ihnen. das ist der neue tummelplatz, das ist das eigentliche wesen der globalisierten welt. wie andrea branzi schreibt, «die genetische metropolis ist eine metropolis, in der die biologischen energien der gesellschaft sich losreißen und ihren maximalen verflüssigungsgrad erreichen, jede infrastruktur vollständig durchdringen und alle möglichen konstruierten formen der einschränkung überschwemmen». nicht durch leblose perfektion verwirklicht sich das projekt der evolution, sondern durch unperfekte vitalität. dieses evolutionsprojekt ist so groß, daß es auch die künstliche und technologische welt umfaßt. am ende ist und bleibt die biologie die höchstentwickelte technologie, die die pluralität der beziehungen, ereignisse, energien und welten multipliziert. denn nur in der fülle liegt eine wirkliche wahlmöglichkeit, und nur durch eine fülle von begegnungen, prüfungen und koevolutionen können wir eine höhere qualität aller lebensprozesse erzeugen.

wenn wir einen weg aufzeigen können, so ist es zweifellos ein vitaler und kein tugendhafter weg. denn tugend ist eine schreckliche beschränkung der möglichkeiten: was wirklich faszinierend ist an menschlichen wesen, ist das menschliche wesen selbst. sie alle, in ihrer gesamtheit, mit ihren metabolismen, die die scheinbar widersprüchlichsten und unvereinbarsten elemente in bewegung bringen, bis sie nicht mehr erkennbar, aber absolut funktional sind. wenn eine persönlichkeit solchen reichtum besitzt, ist es unmöglich, wert von fehler zu trennen, denn fehler sind auch bestandteil des wertes. das leben fließt in charakter, nicht in tugend.

energies and worlds. For only in copiousness is there a true possibility to choose, and only through copiousness of encounters, proofs and co-evolutions can we generate a higher quality of all living processes.

If we can point out a way, it is without any doubt a vital way rather than a virtuous one. Because virtue is a dreadful limitation of possibilities: what is really fascinating about human beings is human beings. All of them, in their entirety, with their metabolisms stirring the seemingly most contradictory and incongruous elements till they are no longer recognisable but definitely functional. When a personality possesses such richness it is impossible to separate value from fault since fault is also part of the value. Life flows in character, not in virtue. As the Tao says, «the person of inferior virtue is ready to lose his own virtue, and therefore has no virtue. The person of superior virtue is not aware of his own virtue, and therefore has the genuine virtue.»

If I had to pick out a superior virtue for the new global world, it would surely be energy. Energy as an eternal source of life, always definitely «fashionable». Energy as the philosophical paradigm for human behaviour in the interconnected and technologically communicating world. That is because the new universe where everything connects to everything cannot be interpreted according to classic categories such as aesthetics and ethics any more, but rather it must be seen and experienced according to a category that I would like to name «energetics». For it is necessary nowadays to understand – if we want to experience the global world firstly as an unprecedented oppor-

wie der tao sagt, «die person geringer tugend ist bereit, ihre eigene tugend zu verlieren, und hat daher keine tugend. die person höherer tugend ist sich ihrer eigenen tugend nicht bewußt, und hat daher wirkliche tugend.»

wenn ich eine höhere tugend für die neue globale welt auswählen müßte, so wäre dies zweifelsohne energie. energie als ewige quelle des lebens, immer absolut «modern». energie als philosophisches paradigma für menschliches verhalten in der miteinander verbundenen und technologisch kommunizierenden welt. weil das neue universum, wo sich alles mit allem verbindet, nicht mehr anhand klassischer kategorien wie ästhetik und ethik interpretiert werden kann. vielmehr muß es anhand einer kategorie betrachtet und erfahren werden, die ich «energetik» nennen würde. denn heute ist es notwendig zu verstehen – wenn wir die globale welt in erster linie als noch nie da gewesene möglichkeit und nicht als bloße gefahr begreifen wollen –, daß alles, was energie erzeugt, gut und richtig ist. was immer (in einer beziehung, in einer kommunikation oder in irgendeiner lebensform) in uns den sinn für unsere eigenen kreativen energien, unsere eigene stärke und unseren eigenen vitalen reichtum wiedererweckt oder inspiriert. ich bin überzeugt, daß die globale welt sich auf diese weise – damit meine ich den neuen energetischen und neobiologischen weg – wahrhaft als ideale atmosphäre erweisen würde, um globale menschliche wesen darin wachsen zu lassen.

tunity rather than mere jeopardy – that whatever generates energy is good and fair. Whatever (in a relationship, in a communication or in any form of life) revives or inspires in us the sense of our own creative energies, of our own power and of our own vital richness. I believe in this way – meaning the new energetic and neobiological way – the global world could truly emerge as the ideal atmosphere to grow global human beings.

michael kohtes, köln

flosculus, geknickt

matratzenzone, nachts; wenn der horizont
mit sich alleine bleibt
und die schläfen lautlos in den blindflug gleiten,

auf der schwelle zum schlaf: die flanerie der gedanken,
stirnhell sich rankende lückenblüher in einer so rund
um vernagelten gegend; gnadengewächse

von den hängen des dämons, seine alten versprechen
zum greifen wirklich, tagabwärts
das vom tau salutierte grauen;
ihr rasches welken –

Flosculus, bowed down

*The mattress zone at night; when the horizon
sinks into solitude
and the temples start silently flying blind*

*on the threshold of sleep: thoughts saunter about,
mind-bright luxuriant gap-blooms where other
wise all is locked in. Green shoots of grace*

*from the slopes of the demon – primaeval promises
tangible. The day downstream
with its grey chill saluted by dew;
their rapid fading away.*

Translation by Keith Lunn

peter köhler, göttingen

raum ist in der kleinsten lücke

«ein loch ist da, wo etwas nicht ist», lehrte der ausgewiesene soziologe, psychologe und löcherfachmann kurt tucholsky in seiner studie «zur soziologischen psychologie der löcher», erschienen 1931 in der fachzeitschrift «die weltlücke».

ergänzend zu diesem grundlegenden befund des weit über die engen grenzen seiner wissenschaft hinaus berühmten kurt tucholsky läßt sich feststellen: eine lücke ist da, wo nichts ist, aber etwas war. bekannt ist der witz über den mann, der jede woche brav zu seinem stammtisch ging und nie einen ton sagte. eines tages fehlt er. man erfährt schließlich, daß er gestorben ist. lakonischer kommentar am stammtisch: «er hinterläßt eine lücke, die ihn ersetzt.»

von dieser lücke, die uns alle einmal ersetzen wird (sie, liebe leser, natürlich ausgenommen), sei hier jedoch nicht die rede. wir erwähnen sie gar nicht erst.

mit dem gleichem stillschweigen übergehen wir die sich vergrößernde lücke bei den beatles, die eine reunion immer un-

There is space in the smallest gap

«A hole is where something is not», the celebrated sociologist, psychologist and hole expert Kurt Tucholsky taught us in his study, «On the sociological psychology of holes» which was published in the journal «Die Weltlücke» (The World Gap) in 1931.

As a corollary to this fundamental finding from Tucholsky, a scholar famous well beyond the bounds of his own science, it can be noted that a gap is where something is not, but something once was. There is a joke about a man who regularly met his friends in the pub and never said a word. One day he failed to turn up, and they finally found out that he had died. The laconic comment runs, «He leaves a gap, which replaces him.»

But we are not concerned here with that gap, which will replace us all one day (you, dear reader, are of course excepted). It shall not even be mentioned.

We will also treat with the same silence the expanding gap among the Beatles, which is making a reunion less and less

wahrscheinlicher macht – zumindest auf erden. sie sei deshalb ebenfalls mit keinem sterbenswörtlein erwähnt.

reden wir besser von anderen lücken, die im grunde jedem egal sind. reden wir von der bildungslücke.

sie ist weit größer, als bislang vermutet. eine erste ahnung von ihrem ausmaß vermittelte die dreihundertjahrlücke, die der österreicher heribert illig aufdeckte: nach seiner auffassung wurden die sogenannten dunklen jahrhunderte, also das sechste bis achte, komplett von mittelalterlichen kirchenleuten und geschichtsschreibern erdichtet. karl der große habe nie existiert, überhaupt seien alle gestalten, ereignisse und dokumente aus den jahren 500 bis 800 reine erfindungen und bloße fälschungen. dabei habe die blühende phantasie der mönche und chronisten nicht lediglich dreihundert ereignislose jahre ausgeschmückt, sondern die jahre selbst seien fiktion: illig zufolge leben wir heute nicht im 21. jahrhundert, sondern in wahrheit erst im 18..

selbst wenn die sache mit der blühenden dreihundertjahrlücke nicht stimmen sollte, konnte illig damit zumindest eine lücke in der wissenschaft des 18. jahrhunderts schließen. zudem ist sie winzig im vergleich zu der gigantischen bildungslücke, die jetzt entdeckt worden ist. noch wird sie geheimgehalten, um die von den pisa-ergebnissen verunsicherte bevölkerung nicht vollends irre zu machen, doch erste details sickern bereits an die öffentlichkeit und machen deutlich, welche wahrhaft universalen, um nicht zu sagen metakosmischen, ja phantastischen dimensionen sie besitzt.

likely – at least in this world. It shall also be considered unworthy of mention.

Instead, let us talk of other gaps, which basically no-one cares about. Let us talk about the gap in education.

It is much larger than we previously suspected. An initial idea of its extent was provided by the three century gap which Heribert Illig, an Austrian, discovered: in his view the Dark Ages, the sixth to eighth centuries, were invented in their entirety by mediaeval priests and historians. Charlemagne never existed, and indeed all the figures, events and documents from the years 500 to 800 are pure invention and mere forgery. The blossoming imagination of the monks and chroniclers did not simply deck out three hundred years of non-events – the years themselves are a fiction. According to Illig, we are not living in the 21st century, but in reality only in the 18th.

Even if the theory of the blossoming three century gap should turn out to be false, it at least allows Illig to fill a gap in the science of the 18th century. In addition, it is minuscule in comparison with the gigantic gap in education which has now been discovered. That is still being kept secret, so as not to drive the population made so insecure by the PISA results completely round the bend, but the first details are already leaking out to the public and make it clear what truly universal, if not totally metacosmic, indeed fantastic, dimensions it has.

oder wußten sie schon, daß vor dreißig millionen jahren hamster die weltherrschaft innehatten? wußten sie, daß der mensch vom papagei sprechen lernte? daß die luft sich alle 15.000 jahre in einen zähen, grünlichen schleim verwandelt und dies zuletzt vor 14.999 jahren geschah? oder daß die erde kopfüber durchs all trudelt und die nordhalbkugel in wahrheit im süden liegt? daß, wenn man alle zahlen hintereinander schreiben wollte, selbst das universum nicht ausreichend platz böte? daß, weil der schwerkraft eines schwarzen lochs nicht einmal das licht entkommt, man nicht sehen kann, daß schwarze löcher in wahrheit herrlich weiß sind? daß tief im erdinnern eine zivilisation existiert, die viel weiter ist als wir, aber nichts davon weiß? und daß gott gern etwas gegen das böse in der welt unternähme, aber eine höhere macht ihn hindert?

diese bislang verborgenen kenntnisse, die den schatz unseres wissens auf unerhörte weise vermehren, müssen jedoch zur allgemeinbildung eines jeden bürgers gehören, wenn deutschland den herausforderungen eines globalisierten planeten – der «erde», wie es unter gärtnern heißt – gerecht werden will. heute darf niemand ein sokrates sein, der auch noch stolz auf seine wissenslücken ist und frech verkündet: «ich weiß, daß ich nichts weiß.»

philosophie ist sowieso nur eine disziplin, die lückenhafte theorien und löcherige modelle über eine unvollständige welt entwickelt und bestenfalls bruchstückhaft wahrheiten so formuliert, daß sie als lückenbüßer und platzhalter für andere wahrheiten gelten mögen. die religion hat es besser: auch ihr fundament ist die lücke, und zwar genau dort, wo

Or did you know that hamsters ruled the world thirty million years ago? Did you know that people learned how to talk from parrots? That the air transforms itself into a viscous green slime every 15,000 years and this last happened 14,999 years ago? Or that the earth is spinning through space upside down and the northern hemisphere is really in the south? That if you wrote all the numbers there are one after the other even the universe would not have enough room for them? That, because not even light can escape the gravity of a black hole, we cannot see that black holes are really beautifully white? That deep in the earth's core there is a civilisation which is much more advanced than we are, but does not know anything about it? And that God would like to do something about the evil in the world, but is prevented by a higher power?

These previously hidden findings which augment our treasure of knowledge to an unheard of extent must however become part of everyone's general education if Germany is to face up to the challenges of a globalised planet – the «earth», as gardeners call it. Nowadays no-one can be a Socrates, proud of the gaps in his knowledge and cheekily proclaiming, «I know that I know nothing».

Philosophy is in any case only a discipline that develops gap-filled theories and models full of holes about an incomplete world, and at best formulates truths so fragmentarily that they can serve as stopgaps and wildcards for other truths. Religion is better off: its foundation is also the gap, precisely where knowledge stops and explanations are missing. But it simply fills the gap with God.

das wissen nicht hinreicht und eine erklärung fehlt. doch sie füllt die lücke einfach mit gott.

heikles thema. wenden wir uns einer unverfänglichen angelegenheit zu, kommen wir zur ästhetik, sprechen wir über zahnlücken.

eine solche wollen die britischen erfinder james auger und james loizeau füllen: mit einem miniaturgerät aus empfänger und vibrator, das ins gebiß implantiert wird und hifi-kopfhörer oder handy-freisprechanlage überflüssig macht. der empfänger nimmt die signale von radio oder mobiltelefon auf und leitet sie an den vibrator weiter, der sich zur schallübertragung statt der luft des kieferknochens bedient: ein kleiner elektromagnet im vibrator versetzt den knochen in schwingungen, die auf diesem weg ins innenohr gelangen und in töne umgewandelt werden.

der künstliche backenzahn, der das gehäuse für empfänger und vibrator bildet, ist allerdings noch etwas zu groß für eine gewöhnliche lücke in der menschlichen kauleiste: er mißt zwölf zentimeter.

nichtsdestoweniger haben fernsehtechniker des in- und auslands die anregung bereits aufgenommen und arbeiten daran, die methode für die übertragung optischer signale zu nutzen: die videowellen werden von einem rund einen halben meter großen kunstzahn empfangen und über den kiefer direkt ins sehzentrum gelenkt. zahlreiche private tv-anstalten in deutschland haben bereits interesse angemeldet und denken an eine drastische verlängerung der werbe-

A delicate subject. Let us turn to something harmless and consider aesthetics. Let us talk about gaps between teeth.

British inventors James Auger and James Loizeau want to fill just such a gap: with a miniature device consisting of a receiver and a vibrator which is implanted in the jaw and makes hifi headphones or telephone headsets superfluous. The receiver detects the signals from the radio or mobile telephone and passes them on to the vibrator, which uses the jawbone rather than air to transmit sound: a small electromagnet in the vibrator generates vibrations in the bone, which then arrive in the inner ear and are transformed into speech or music.

The artificial molar which forms the casing for the receiver and vibrator is however still slightly too large for a normal gap in the human masticatory apparatus: it is twelve centimetres long.

Nevertheless, television engineers at home and abroad have already taken up the idea and are working on using the method to transmit optical signals: the video waves are received by an artificial tooth measuring around half a metre and channelled via the jawbone directly to the visual centre of the brain. Numerous private TV stations in Germany have already expressed interest and are thinking of a drastic increase in advertising times, and the public stations, we hear, are also reckoning with massive additional licence fees.

zeiten, und wie verlautet, rechnen auch die öffentlich-rechtlichen sender mit zusätzlichen satten gebühreneinnahmen.

deutschen tüftlern zufolge läßt sich das neue verfahren auch unkommerziell nutzen und dürfte vielen mitbürgern mit eingeschränkter sehkraft, denen mit den traditionellen mitteln nicht geholfen werden konnte, hoffnung machen. für die installierung einer hochauflösenden kamera müßten sie lediglich einen vorderzahn opfern und mit offenem mund herumlaufen.

dabei könnte ihnen eine weitere erfindung zupaß kommen, an der zur zeit holländische entwickler arbeiten. sie wollen zahnlücken mit muttererde füllen, so daß gentechnisch miniaturisierte tulpen, rosen und andere blumen eingesät werden können und für dauerhaft guten mundgeruch sorgen.

noch weiter gehen us-amerikanische computervisionäre. sie planen den einbau von mikrorechnern, die über den kiefer als standleitung mit dem gehirn kommunizieren und es auf lange sicht überflüssig machen. kritiker geben allerdings zu bedenken, daß sich der aufwand nicht lohnt, weil dieses ziel auch so erreicht wird.

aber das ist gegenwärtig ohnehin noch zukunftsmusik.

eine vollständige auflistung aller lücken inkl. spalten, schlitzen, ritzen, fugen und breschen ist in diesem text zwar unmöglich. aber auch so dürfte deutlich geworden sein: raum ist in der kleinsten lücke, von der haushaltslücke bis zur notlücke, die erlaubt ist. doch vorsicht, lücken haben

According to German tinkerers, the new process can also be used non-commercially, and should give new hope to many people with limited sight who cannot be helped by the traditional means. They would merely have to sacrifice a front tooth for the installation of a high resolution camera and walk around with their mouths open.

Another invention, which Dutch developers are currently working on, might also come in handy for them. They want to fill the gaps between teeth with soil, so that genetically engineered, miniaturised tulips, roses and other flowers can be sown there and ensure permanently pleasant breath.

US computer visionaries are going even further. They are planning the installation of microcomputers which use the jaw as a dedicated line for communications with the brain and in the long term will make it superfluous. Critics however raise the objection that the effort is not worth while, as that objective will be achieved anyway.

But at the moment, all that is still pie in the sky.

It would of course go beyond the bounds of this text to list all the gaps, fissures, slits, cracks, interstices and breaches. Nevertheless, one thing should have become clear: there is space in the smallest gap, from the gap in the budget to the white gap, which like the white lie is permissible. But be careful: as you make your gap, so you must lie upon it! Yet another tricky subject … All that remains to be mentioned is the … er, umm, well, I'll think of it in a minute … er, oh, of course … the gap in my memory!

kurze beine! auch so eine brenzlige materie... erwähnt sei deshalb nur noch die … die … na, die … äh … hm … glatt vergessen … tja … öh … ts … ach, natürlich! die gedächtnislücke.

jochen schimmang, leer

altes gelände

hachmeister erwartete mich eingangs der ersten ruine. hinter den riesigen fensterbögen im erdgeschoß war das übliche kraut hochgeschossen, das sich über kurz oder lang aller verlassenen gebäude bemächtigt und dabei auch vor einem ehemaligen regierungssitz nicht haltmacht. hachmeister stand im torbogen und lächelte mir freundlich entgegen. wir hatten uns gewiß fünfzehn jahre nicht gesehen, und ich war überrascht, wie wenig er gealtert war. er trug einen hellen trenchcoat, den er geschlossen und dessen kragen er hochgeschlagen hatte, obwohl wir erst mitte september schrieben. ich sollte bald merken, wogegen er sich schützte. manchmal war man im gelände plötzlich heftigen winden ausgesetzt, die ein paar schritte weiter wieder einer fast regungslosen luft platz machten.

hachmeister gab mir die hand und zog mich ins haus, besser: zwischen die mauern, die stehengeblieben waren. wir brauchten fast zehn minuten, um am anderen ende anzukommen. in manchen räumen war ein teil des mobiliars zurückgelassen worden: stühle, sessel, schreibtische, die nun teilweise völlig verwittert und verschimmelt waren. andere

Old Terrain

Hachmeister was waiting for me at the entrance to the first ruin. The usual weeds had sprung up behind the massive window-arches on the ground floor – the type that sooner or later takes over every abandoned building and does not even stop at a former seat of government. Hachmeister stood in the arched doorway and gave me a friendly smile. We had not seen each other for what surely must have been fifteen years, and I was surprised at how little he had aged. He was wearing a light trench coat, buttoned and with the collar turned up, although it was only the middle of September. I would soon realise what he was protecting himself from. Sometimes, on the site, you were blasted by sudden violent winds, which gave way only a few steps later to an almost deadly calm.

Hachmeister gave me his hand and drew me into the building, or rather between the walls that were still standing. It took us nearly ten minutes to reach the other end. Part of the furniture had been left in some of the rooms: chairs and desks, some completely weather-beaten and mouldy. The new occupants had taken some of the other pieces away

stücke hatten die neuen bewohner an sich genommen und zum teil aufgearbeitet, erzählte hachmeister. «bei uns ist praktisch jedes handwerk vertreten», sagte er, «sonst könnten wir gar nicht existieren.»

katzen huschten hier und da durch die zimmer, in denen früher die bittsteller darauf gewartet hatten, daß sie vorgelassen wurden. die katzen wurden von den jetzigen bewohnern gut behandelt, erzählte hachmeister, weil man sie gegen die ratten brauchte. sie waren fast so etwas wie die geheimen götter des geländes, und ihre bewegungen hatten in der tat etwas göttliches.

an einer der wände hing noch immer das offizielle bild des diktators. jedesmal, wenn er daran vorbeikam, wollte hachmeister es abnehmen und auf den müll werfen, winkte dann aber ab und ging weiter. das foto war stark nachgedunkelt und ganz leicht gewellt, aber es zeigte den diktator, wie ihn damals die ganze welt gekannt hatte: im halbprofil, das kurze haar streng gescheitelt und mit einem blick, der zugleich entschlossenheit und güte ausdrücken sollte. sein leibfotograf war bei der flucht der regierung nicht mehr mitgekommen, sondern gefaßt worden. man hatte ihn jedoch nicht an die wand gestellt, sondern sich sein können und seine dienste für die neuen offiziellen legenden gesichert.

am anderen ende der ruine weitete sich der blick auf die zahllosen flachen bauten, in denen die einzelnen ämter und ministerien untergebracht gewesen waren. nur die beiden hochhäuser, in denen in akten, auf festplatten und disketten das gesamte wissen der macht gelagert gewesen war, hat-

and refurbished them, Hachmeister told me. «We've got craftsmen from nearly all the trades here», he said, «Otherwise we couldn't exist at all.»

Cats scurried to and fro in the rooms where the petitioners had once waited to be admitted. The cats were treated well by the present occupants, Hachmeister said, because they needed them to kill the rats. They were almost like the secret deities of the site, and indeed there was something divine in their movements.

The official picture of the dictator was still hanging on one of the walls. Every time he passed it, Hachmeister wanted to take it down and throw it on the rubbish tip, but then changed his mind and went on his way. The photograph was heavily stained and slightly wavy, but it showed the dictator as the whole world had known him: in semi-profile, his short hair austerely parted, and with a look intended to express both decisiveness and benevolence. His personal photographer had not gone along when the government fled, and had been caught. He was not put up against the wall, though, and his skills and services had been secured for the new official legends.

At the other end of the ruin, the view opened out onto the countless low buildings which had housed the individual offices and ministries. Only the two skyscrapers where the entire knowledge of power had been stored in files, on hard disks and floppies had been blown up by the escapees shortly before they disappeared. That was why there were now two huge piles of rubble to the left of us, which had in

ten die fliehenden kurz vor ihrem verschwinden noch sprengen lassen. deshalb erhoben sich nun links von uns zwei riesige trümmerhaufen, die man inzwischen mit erde aufgeschüttet und teilweise begrünt hatte.

zwischen den einzelnen gebäudekomplexen gab es noch immer schutt und lücken. ein jahr nach der flucht der alten regierung hatte man angefangen, das verblaßte machtzentrum in mehreren schritten zu sprengen, dann aber damit aufgehört, als klar wurde, daß der geplante gewerbepark eine fehlinvestition sein würde. seitdem wurde über die künftige nutzung des ehemaligen zentrums des bösen diskutiert; gutachten wurden erstellt und kommissionen eingesetzt; historiker, denkmalpfleger und professoren für ethik wurden befragt, und in der zwischenzeit rottete die abgebrochene und verfaulte geschichte weiter vor sich hin.

die ersten wilden siedler waren vor fünf jahren gekommen und hatten sich nach und nach der flachbauten angenommen. man hatte die stromleitungen repariert und die wichtigsten verbindungen zur außenwelt aufgebaut. nach und nach hatten sich handwerker, eine kleine softwarefirma, ein emeritierter professor der kunstgeschichte, eine völlig friedliche anarchistische gruppe, deren leitbild kropotkins prinzip der gegenseitigen hilfe war, und viele mehr hier niedergelassen. hachmeister hatte man vor einem jahr geholt, damit er eine zentrale bibliothek aufbaute.

«seitdem bin ich nicht mehr draußen gewesen», sagte er. «wir sagen draußen, wenn wir meinen, daß jemand durch den torbogen der ersten ruine geht, in dem ich auf dich

the meantime been banked up with soil and partly landscaped.

There was still rubble, and there were still gaps between the individual building complexes. One year after the old government had fled, people had started to demolish the faded centre of power in several stages, but had stopped when it became clear that the planned industrial estate would be a bad investment. Since then, discussions had revolved around the future use of the former Centre of Evil: reports were compiled and commissions formed, historians, monument curators and professors of ethics had been heard, and in the meantime the mouldy, curtailed history fermented on and on.

The first squatters had arrived five years ago, and had gradually turned their hands to the low buildings. They had repaired the electricity cables and reestablished the most important connections with the outside world. In the course of time craftsmen, a small software firm, a retired professor of the history of art, a totally peaceful group of anarchists whose creed was Kropotkin's principle of mutual aid and many, many others had settled there. They had fetched Hachmeister a year ago to build up a central library.

«I haven't been outside since then», he said. «We say outside when we mean that someone goes through the arch of the first ruin where I waited for you.»
«But surely you have to buy food?»
«The anarchists do that for me once a week», Hachmeister told me.

gewartet habe.»
«aber du mußt doch lebensmittel einkaufen?»
«das machen einmal in der woche die anarchisten für mich», erzählte hachmeister.
«sie machen auch für die meisten anderen besorgungen und erledigungen, schwirren aus in die welt. dafür werden sie von uns allen versorgt.»
«also praktizierter kropotkin.»
«kann man so sagen. erstaunlich, wenn man bedenkt, daß hier vorher der staatliche terror geherrscht hat. das haus dort drüben», – er zeigte auf einen langgestreckten bau auf der linken seite unseres weges – «in dem jetzt eine gärtnerei untergebracht ist, war früher das folterzentrum für staatsfeinde. im gegensatz zu anderen regimes haben diese verbrecher ihre vernichtungsmaschinen ja nicht ausgelagert, sondern wollten sie so nah wie möglich bei sich haben.»

ein kleiner mann in den siebzigern kam aus dem gebäude, in einem blaugrauen kittel und mit einer uralten ballonmütze auf dem kopf.
«das ist der gärtner», sagte ich spontan.
«der obergärtner.»
«ganz recht», bestätigte hachmeister.
«allerdings erst seit einem guten jahr. sein name ist ritz. das sagt dir etwas?»
«nur als name eines hotels in paris und eines anderen in wolfsburg», sagte ich.
«ritz war in der mitte des vorigen jahrhunderts einer der ersten, die den beruf des beraters entdeckten. ich weiß nicht warum, aber alle großen firmen und viele verbände und politiker haben sich seiner dienste versichert. er ist dabei

«They run errands for most of the others too, buzzing out into the world. All of us feed and clothe them in return.»
«Sounds like Kropotkin in practice.»
«You could well say that. It's astounding when you think that governmental terror used to reign here. That building over there» – he pointed to a long, drawn-out structure to the left of our path – «where the market garden is now, was once the torture centre for enemies of the state. Unlike other regimes, the criminals here didn't set up their machinery of destruction in some remote area; they wanted to have it as close to them as possible.»

A small man in his seventies came out of the building, wearing grey-blue overalls and an ancient woolly hat.
«That's the gardener», I said spontaneously.
«The head gardener.»
«Quite right», Hachmeister confirmed.
«But only since a good year ago. His name's Ritz. I suppose that means something to you?»
«Only as the name of a hotel in Paris and another one in Wolfsburg», I said.
«In the middle of the last century, Ritz was one of the first people to discover the profession of consultant. I don't know why, but all the big companies and a lot of associations and politicians signed up for his services. He got very rich doing it; he's definitely the richest person here on the site.»
«So you've got rich people and less rich people here?»
«Of course. Not even the anarchists want that egalitarian nonsense. They just want to live in peace and quiet and get by, and that's what they've got with us. Anyway, Ritz was

sehr reich geworden; er ist gewiß der reichste hier auf dem gelände.»
«ihr habt also auch reiche und weniger reiche hier?»
«selbstverständlich. den egalitären kram wollen nicht einmal die anarchisten. die wollen nur in ruhe leben und ihr auskommen haben, und das haben sie bei uns. ritz jedenfalls ist noch als berater hierher gekommen, zwei jahre vor mir. dann tauchte irgendwann das thema der begrünung des geländes auf, angefangen mit den beiden hochhaustrümmern. da fungierte ritz noch als berater. aber er ist systematiker, weißt du, er hat sich gründlich eingearbeitet in die ganze gartenbaukunst und landschaftsarchitektur, und dabei hat er spät im leben seine eigentliche bestimmung entdeckt. wir hoffen, er bleibt uns noch lange erhalten. er hat am anderen ende des geländes schon einen englischen park angelegt und zwischen manchen der flachbauten japanische gärten. seine größte aufgabe ist jetzt, die erste ruine zu begrünen. du hast ja gesehen, daß da noch kraut und rüben herrschen. wir wollen aber in den fluchten und räumen kleine gärten verschiedenen stils anlegen, und die vordere fassade soll eines tages ganz hinter grün verschwinden.»

ritz war uns langsam entgegengekommen, mit einem bleistift und einem kleinen notizbuch im brusttaschenformat in der hand, eingebunden in schwarzes leder. bei näherem hinsehen ähnelte er dem alten heinrich böll, und es überraschte mich nicht, als er im schleppenden rheinischen tonfall zu sprechen begann, nachdem hachmeister mich vorgestellt hatte.
«es ist ein großer irrtum», sagte er, während wir weitergingen in richtung von hachmeisters noch provisorischer

still a consultant when he came here, two years before I did. Then the idea of landscaping the site turned up, starting with the debris from the two skyscrapers. Ritz got involved as a consultant. But he's systematic by nature, you know, and taught himself all there is to know about horticulture and landscape design, and so, late in life, he found his real vocation. We hope he'll be around for a long time yet. He's already set out an English garden at the other end of the site, and Japanese gardens between some of the low buildings. Now his biggest job is to landscape the first ruin. You've seen of course that the weeds have thoroughly taken over. But we want to plant little gardens in various styles in the passageways and rooms, and the façade is going to disappear completely behind greenery one day.»

Ritz had come up to us slowly, holding a pencil and a small notebook of breast pocket size, bound in black leather. Closer up he looked like the old Heinrich Böll, and I was not surprised to hear him speak in a slow Rhineland drawl when Hachmeister had introduced me.
«It's a great mistake», he said, as we walked along towards Hachmeister's still provisional library, which was housed just in front of the park in a patrician villa that had served the dictator as a residence, «it's a great mistake to regard the wreckage and ruins on the one hand and the harmony and beauty on the other hand as a contrast. Just think what this area looked like in the times of terror: an architecturally self-contained system with the sole purpose of preserving power and smashing anything that endangered power. A system without a gap, you could say, designed for eternity, and it seemed eternal to us as well. But in the

bibliothek, die kurz vor dem park in einer gründerzeitvilla untergebracht war, das dem diktator als wohnhaus gedient hatte, «es ist ein großer irrtum, die trümmerlandschaft und die ruine einerseits und die harmonie und die schönheit andererseits in einen gegensatz zu stellen. bedenken sie, wie dieses gelände in den zeiten des terrors ausgesehen hat: ein auch architektonisch geschlossenes system, das rein der machterhaltung und abwehr alles die macht gefährdenden diente. ein system ohne lücke, könnte man sagen, auf ewigkeit angelegt, und uns erschien es ja auch ewig. der terror geht jedoch auf lange dauer immer an sich selbst zugrunde. er erstickt gewissermaßen, gerade weil er keine lücke hat und nicht atem holen kann. nun, da das gelände noch immer halb verfallen, also offen ist» – in diesem augenblick erfaßte uns alle drei aus einem seitenweg einer der plötzlichen windstöße, von denen ich schon gesprochen habe, und ritz erhob die stimme –, «entfaltet es seine möglichkeiten. erst der verfall macht es wirklich reich und treibt die blüte hervor. allein rein gärtnerisch gesehen werde ich noch mindestens fünf jahre beschäftigt sein.»

ein größerer lieferwagen zottelte an uns vorbei, dem äußeren anschein nach aus den späten sechziger jahren übriggeblieben. im fahrerhaus saßen zwei jüngere männer, und der beifahrer winkte uns kurz zu.
«das sind zwei der anarchisten», erklärte hachmeister, «sie haben eingekauft und beginnen jetzt mit der auslieferung.»

der weg machte eine biegung. hinter einem weiteren komplex von flachbauten wurde das ehemalige wohnhaus des

long run terror always defeats itself. It chokes itself to death, just because it has no gaps and cannot catch its breath. Well, as the site is still half ruined, and therefore open» – at that moment all three of us were caught by one of those sudden gusts of wind from a side alley I had already mentioned, and Ritz raised his voice – *«it can develop its potential. Only decay makes it really rich and allows it to blossom. From a purely horticultural point of view I shall have something to do for at least the next five years.»*

A large van chuntered past us, looking like a relic from the late sixties. Two youngish men were sitting in the cab, and the passenger gave us a short wave.
«Those are two of the anarchists», Hachmeister explained. «They've been shopping and are about to start with their deliveries.»

There was a bend in the path. Behind a further complex of low buildings, the dictator's former residence became visible, and behind it we saw the start of the park. A few minutes later we had reached the library and the parting of our ways, as Ritz wanted to check up on his park where another group of anarchists was busy with clearing work.

Hachmeister and I climbed the stairs to the first floor and looked out through the back windows onto the park. Below us there was a raised section, an almost round hill, planted with a group of various deciduous trees. As the land in this part of the country was flat, I asked Hachmeister how the hill had got there.
«It covers the old bunker», he said.

diktators sichtbar, und dahinter sah man den anfang des parks. ein paar minuten später hatten wir die bibliothek erreicht, und unsere wege trennten sich, denn ritz wollte in seinem park nach dem rechten sehen, wo eine andere gruppe von anarchisten mit aufräumarbeiten beschäftigt war.

hachmeister und ich stiegen die treppe in den ersten stock hinauf und sahen von der rückwärtigen fensterfront auf den park. unter uns lag ein erhöhtes stück, ein fast runder hügel, bepflanzt mit einer gruppe verschiedener laubbäume. da wir uns im flachland befanden, fragte ich hachmeister nach der herkunft des hügels.
«er bedeckt den alten bunker», sagte er.
«der bunker schloß natürlich unmittelbar an das privathaus des diktators an, wegen der kurzen wege. ritz hat ihn mit dem hügel überkront, und er hat diese form des hügels gewählt, um an ein hünengrab zu erinnern. der diktator ist zwar verschollen, aber die grabform ist wie ein bann gedacht: als läge er tatsächlich dort unten.»

ein heftiges klopfen war an der haustür zu hören, und hachmeister lief nach unten, um zu öffnen. ich folgte ihm. die beiden anarchisten standen vor der tür und zeigten stumm auf einen stapel kartons. hachmeister rieb sich die hände, drehte sich zu mir um und sagte:
«bücher, kartonweise bücher. an die arbeit!»

«The bunker was of course immediately adjacent to the dictator's private house so he did not have far to go. Ritz built the hill over it and chose that shape of hill to be reminiscent of a dolmen. The dictator disappeared without trace, of course, but the form of the grave is intended to act like a spell: as if he were really under there.»

A brisk knocking could be heard at the front door, and Hachmeister ran down to open it. I followed him. The two anarchists were standing outside the door and pointing silently at a stack of cartons. Hachmeister rubbed his hands, turned to face me and said,
«Books, crates of books. Let's get to work!»

conway lloyd morgan, london

zwischenzeitlich auf den rängen

«april ist der grausamste monat», behauptete t.s. eliot. eigentlich war er amerikaner und hätte es daher besser wissen müssen. er lebte aber lange jahre in england, also hatte er es vielleicht vergessen. da seine gedichte ansonsten nicht so schlecht sind, können wir es ihm verzeihen. was denn? daß er nicht wußte, daß der januar der schlechteste monat ist, der nadir, die absolute lücke, der tiefstpunkt. zwischen der nachsaison und dem frühjahrstraining. die erinnerung an die vergangenen spiele verblaßt und nur die logik sagt einem, daß es neue, spannende spiele im nächsten jahr gibt. gerade zu diesem zeitpunkt erscheint einem das warten zu lange. aber lassen sie mich eines klar machen: ich bin kein baseballfan; ich bin baseballenthusiast. (genauso wie ich designenthusiast bin und kein designfan.) baseballfans wissen, wie man ein spielprotokoll ausfüllt, sie können statistiken ausrechnen und kennen sogar die genaue bedeutung von akronymen wie rbi, obp und ira. enthusiasten jedoch haben schon eine ahnung davon, betrachten aber darüber hinaus baseball als allgemeingültiges sinnbild, das besonders relevant für das design ist. die oberflächliche beziehung ist klar: beide disziplinen machen sich zum beispiel gedan-

meanwhile in the bleachers

«April is the cruellest month,» T.S. Eliot asserted. Really, he was an American, so should have known better. But he lived in England for a long time, so perhaps he forgot. And as the rest of his poetry is not too bad, so we'll forgive him. For what? For not knowing that January is the worst, the nadir, the absolute gap, the pit. Between the post-season and spring training. Memories of games fade, and only logic tells you that there will be new excitements next year. Around now, the waiting seems too long. But let me make one thing clear: I am not a baseball fan. I am a baseball enthusiast (just as I'm a design enthusiast, not a design fan.) Baseball fans know how to fill in a scorecard, can calculate statistics, even know what the acronyms like rbi, obp and ira actually mean. Enthusiasts do have some notions about such matters, but see beyond them to baseball as a wider paradigm, and one especially relevant to design. The superficial connections are clear: both disciplines worry about free pitching, for example. Other analogies are obvious: the designated hitter is that freelancer round the corner who can whistle up illustrations at short notice, a bunt is a quick solution to a brief, a seeing-eye single is the

ken darüber, einen treffer zu landen. andere analogien liegen auf der hand: der designierte schläger ist der freiberufler um die ecke, der illustrationen kurzfristig herbeizaubern kann; ein «bunt» die schnelle lösung einer designaufgabe; ein «seeing-eye single» ist die gescheiterte präsentation; ein «fungo» das entzückende junge ding, das gerade in der produktion angefangen hat; das linke feld sind die leute, die nicht an betriebsausflügen teilnehmen und das «seventh inning stretch», nun, das ist der durchhänger, den eine designfirma erlebt, wenn sie ein bißchen zu groß geworden ist. den rest kennen sie ja schon.

es gibt aber auch eine ernsthafte seite dieses vergleichs. baseball ist ein städtisches, sogar ein industrielles spiel, im gegensatz zu cricket und tennis, die dörflich und ländlich sind. fußball begann auch auf dem lande und wurde dann während der industriellen revolution in die städte importiert, wohingegen der american football ein nebenprodukt der kunststoffindustrie zu sein scheint. viele designer begeistern sich für fußball (ich habe noch kein designbüro ohne tischfußball gesehen, aber damit wollen wir uns hier nicht befassen). fußball, so will man uns weismachen, hat mit geschick und fingerspitzengefühl zu tun, mit teamgeist und berühmtheit, vor allem aber mit teilnahme an den leidenschaftlichen und schönen augenblicken in einem spiel der ständigen bewegung. fußball hat aber auch mit stammeskämpfen zu tun und ist allzu oft ein brennpunkt des rassismus und rechtsradikalismus. lassen sie sich ruhig durch den fußball unterhalten, aber sehen sie es nicht als identifikationsmodell an. baseball hingegen ist etwas ganz anderes.

presentation that failed, a fungo the delicious young thing that's just joined production, the left field are the people who won't go on office trips and the seventh inning stretch, well that's the sag a design company gets when it grows a little too big. The rest you know already.

But there is a serious side to this comparison. Baseball is an urban, indeed industrial game, unlike cricket and tennis, which are village and pastoral. Soccer also began as a village game, being imported into the cities in the industrial revolution, while American football seems to be a by-product of the plastics industry. A lot of designers are enthusiasts for soccer (I have yet to see a design office without a table football game in it somewhere, but that's another question.) Soccer, they would have us believe, is about skill and subtlety, about community and celebrity, about sharing the passionate and beautiful moments in a game of endless movement. But soccer is also about tribal violence, and is too often a focus for racism and right-wing extremism. Be entertained by soccer if you wish, but don't think of it as a role model. Baseball, now, that's another matter.

The tripartite structure of baseball – owners, managers and coaches, and players – reflects the industrial workplace, with its boardroom, offices and shopfloor, while the range of specific positions (pitcher and catcher, baseman and shortstop) also mirrors the segmentation of skilled labour in a factory. But a baseball team has no captain (unlike in soccer, rugby or cricket): they literally play as a team. And to a hard schedule, four or even five games in a week, which makes the hebdomadal excursions of soccer players seem

die dreigliedrige struktur des baseball – zusammengesetzt aus eigentümern, managern und trainern sowie spielern – spiegelt den industriellen arbeitsplatz mit seiner vorstandsetage, den büros und werkshallen wider, und die verschiedenen spielfeldpositionen (pitcher und catcher, baseman und shortstop) entsprechen der aufteilung der facharbeiter in einer fabrik. eine baseballmannschaft jedoch – im gegensatz zu fußball, rugby oder cricket – hat keinen kapitän: die spieler sind buchstäblich ein team. und sie haben einen harten spielplan mit vier oder sogar fünf spielen pro woche, der die wöchentlichen ausflüge der fußballspieler wie eine freizeitbeschäftigung erscheinen läßt. wieder ein spiegelbild des industriellen lebens. das obskure regelsystem im baseball gleicht einer betriebsanleitung für eine maschine, ganz im unterschied zu den schiedsrichterurteilen und den weiterspielregeln anderer sportarten mit ihren abgegriffenen moralischen untertönen des fairplays. selbst die baseballkluft ist einfach, sogar antiquiert: keine spur von lycra und logos, die von den fußballern zur schau gestellt und in regelmäßigen abständen aktualisiert werden, um leichtgläubige fans zu düpieren, so daß sie noch mehr kaufen. die festgelegte struktur des spiels, runde für runde, ist auch das abbild eines arbeitsplans.

so gesehen hat baseball nichts mit loyalität und aggression zu tun, sondern mit fertigkeiten und sogar vielleicht mit cleverneß. aber was, mögen sie denken, hat diese früh-fordsche metapher mit einem modernen berufsbild im digitalen zeitalter zu tun? es gibt einen gemeinsamen ursprung: die ersten industriedesigner waren loewy, teague, dreyfuss und andere, die einen beruf schufen, um der amerikanischen

simply occasional: again, a mirror of industrial life. The arcane system of rules in baseball is more like a handbook of instructions for operating machinery, unlike the judgemental attitudes and 'follow-on' laws of other sports, with their shop-worn moral overtones of 'playing the game'. Even baseball uniforms are simple and indeed antiquated: none of the lycra and logos flaunted by footballers, and upgraded at regular intervals to dupe gullible fans into buying yet more. The fixed structures of the game, innings after innings, is also a copy of a work-schedule.

Baseball, in this reading, is not about loyalty and aggression, but about craft (even if in the dual senses of skill and craftiness.) But what, you might ask, has this early Fordist metaphor got to do with a modern profession in the digital age? There is a common point of origin: the first industrial designers were Loewy, Teague, Dreyfuss and others, who created a profession to help American industries out of the Depression of the 1930s. They were essentially practical people, not artists or reformers like the visionaries of the Bauhaus diaspora. (Design needs vision, but also serviceable qualities too.) But there is more. Design is teamwork, judged by results as much as style. Yet design has its homeruns too, moments when everything connects and the result just soars away. It's the combination of shared team skill in the pitching, catching and fielding, set against the individual skill or guile of the batter that creates the dynamics and tensions of baseball, and team work in design can have the same fluid excitements.
There is a lot of talk about design as a process, and process in design: it is a useful model for analysing a phenomenon

industrie aus der depression der 30er jahre zu helfen. sie waren durch und durch praktiker, keine künstler oder reformer wie die visionäre der bauhaus-diaspora. (design braucht visionen; es braucht aber auch funktionelle eigenschaften.) es gehört noch mehr dazu. design ist teamwork und wird nach dem ergebnis, nicht nur nach dem stil beurteilt. doch design hat auch seine sternstunden wie ein lauf um alle vier male: augenblicke, in denen alles zusammenpaßt und das ergebnis einem einfach zufliegt. was die dynamik, die spannung des baseball ausmacht, ist die verbindung des gemeinsamen geschicks einer mannschaft beim werfen und fangen mit dem individuellen geschick oder der list des schlägers, und genau dieser teamgeist kann im design die gleiche vitale begeisterung auslösen.

es gibt viel gerede über design als prozeß und prozesse im design: das ist ein brauchbares modell, um ein phänomen zu analysieren, das sowohl die soziale interaktion als auch den umgang mit und die umgestaltung von material und die deutung von mythen und werten beinhaltet. man kann aber auch einen breiteren zusammenhang sehen, der sich wie die lange, arbeitsintensive baseballsaison ausdehnt, wo einzelne elemente – entwürfe oder spiele – verschiedene momente mit ihren eigenen gefühlen und leistungen sind; wo aber auch das ganze, so ungreifbar wie es ist, irgendwie größer als die summe seiner teile ist. damit äußere ich mich nicht etwa mystifizierend (oder geblendet), sondern enthusiastisch zum design. ganz wie beim baseball. ausgenommen allerdings, daß es design das ganze jahr hindurch gibt, während beim baseball jedes jahr diese gräßliche, lauernde lücke auftaucht.

that covers social interactions, the handling and transformation of materials, and the interpretation of myths and values. But there is a wider meaning, of seeing all design activity as a total process, stretching through time like the long, busy baseball season, in which individual elements – designs or games – are different moments with their own emotions and contributions, but in which the whole, impalpable as it is, is somehow greater than the sum of the parts. This is not being mystical (or misty-eyed) about design, just enthusiastic. Like baseball, really. Except design goes on all year round, while with baseball there's that ghastly, looming gap every year ...

reinhard siemes, münchen

die lücke als verkannte größe

wenn die lücke im kölner raum – aber auch darüber hinaus – so wenig freunde hat, liegt das einerseits an der jüngeren geschichte. zum anderen an der deutschen sprache.

im sommer 1945, das gebe ich zu, hatte sich die lücke den kölnern förmlich aufgedrängt. so sehr, daß sie um den dom herum ein geschlossenes ganzes bildete – eine rolle, die ihr beim allem wohlwollen nicht zusteht. insofern ich kann die vorbehalte nachvollziehen.

hingegen habe ich wenig verständnis für die aversion gegen das wort «lücke». sicher, es ist unkölsch und klingt leicht preußisch, was mit seinem mittelhochdeutschen ursprung zusammenhängt. (im althochdeutschen hieß sie wenigstens luccha.) aber können wir ihr die phonetische strenge anlasten? gleichzeitig müßten wir den büstenhalter verdammen, den schmetterling, den geschlechtsverkehr, das frühstück. sind das nicht gleichfalls desillusionierende begriffe für bisweilen angenehme bedeutungen?

The gap as an unappreciated quantity

If the gap has few friends in the Cologne area – and beyond it as well – then that is on the one hand a result of recent history. On the other hand, it has to do with the German language.

In the summer of 1945, admittedly, gaps literally forced themselves upon the population of Cologne. So much so that they formed a self-contained whole surrounding the cathedral – a role to which with all due respect they are not entitled. To that extent, I can understand the reservations.

I have little understanding, in contrast, for the aversion to the word «Lücke». Of course it is not a Cologne type of word, and sounds slightly Prussian, which has to do with its Middle High German origins. (In Old High German, it was at least still the more friendly sounding «luccha».) But can we blame it for its phonetic austerity? If so, we would also have to condemn the words «Büstenhalter», «Schmetterling», «Geschlechtsverkehr» and «Frühstück». Are these not also sobering sounds with otherwise pleasant connotations? – they mean bra, butterfly, sex and breakfast, respectively.

die kölner machen es sich leicht, umgehen das krachende k, indem sie vom nichts oder der luft dazwischen reden, manchmal auch vom loch. warum weichen sie nicht – ihrer affinität zum französischen folgend – auf lacune aus? noch eleganter wäre die italienische lacuna, die zumindest den damen in den italienisch-kursen an der kölner volkshochschule geläufig sein dürfte.

die erklärung ist einfach. leute, also menschen, sind für den kölner lück. und die waren erwiesenermaßen etwas früher auf der erde als die lücken. mehr noch, erst der mensch schuf lücken, die er als solche empfand. mithin ist für die lücke kein platz mehr im sprachgebrauch der domstädter. nach außen hin liegt allerdings alles an den preußen.

tatsächlich sind alle einwände gegen die lücke rhetorisch, ob nun in köln oder altötting. der wahre grund für das unbehagen beim anblick einer begrenzten leere liegt in der natur des menschen. seit anbeginn will er alles oder nichts. ein bißchen oder gar dreiviertel empfindet er als schreckliche halbheiten. am grausamsten jedoch sind für ihn 99%. das letzte prozent ist wie das einzige noch fehlende puzzlesteinchen, das die katze für ein brekkie gehalten hat. mithin eine der schrecklichsten lücken überhaupt.

damit bin ich endlich beim punkt. jede lücke, die nicht bewußt herbeigeführt wurde, erzeugt bei kölnern wie bei menschen ein gefühl von tiefer unzufriedenheit. aber auch den wunsch, sie zu beseitigen. die lücke ist herausforderung, antrieb, katalysator, also eine extrem dynamische größe.

The people of Cologne take the easy way out and avoid the word with its crashing K by talking of nothing or the air in between, and sometimes of holes. Why do they not follow their affinity to the French and adopt «lacune» as a substitute? An even more elegant solution would be the Italian «lacuna», with which at least the ladies attending evening classes in Italian in Cologne should be familiar.

The explanation is simple. In Cologne dialect, people are referred to as «Lück». And they were demonstrably inhabiting the earth somewhat earlier than the gaps. Indeed, it took people to create gaps which they then perceived as such. Accordingly, the cathedral city's inhabitants have no room in their vocabularies for «Lücke». To the outside world, of course, they blame it all on the Prussians.

All objections to the «Lücke» are in fact rhetorical, no matter whether they are raised in the Rhineland or on the banks of the Spree. The real reason for our discomfort at the sight of a limited emptiness lies in the nature of human beings themselves. From time immemorial, they have wanted everything or nothing. A little, or even three quarters, are regarded as terrifying half-measures. The cruellest, though, is 99%. The last percent is like the single piece missing from the jigsaw puzzle, the one the cat thought was a Brekkie. One of the most terrible gaps of all, then.

And so I have arrived at the point at last. Every gap not consciously created evokes a feeling of deep dissatisfaction among the people of Cologne, and among human beings in general. It also generates a desire to get rid of it. The gap is

alexander der große zum beispiel entdeckte 332 v.ch. eine ägyptische lücke in seinem reich. also arbeitete er sich mit seinem heer über tyros und gaza nach memphis vor, wo er sich zum pharao krönen ließ. alle kriege der welt beruhen auf lücken. entweder sind sie geografischer art oder sie befinden sich als größeres vakuum in den köpfen der mächtigen. im regelfall beides. eine ausnahme bildet allein die us-regierung. sie führt verteidigungskriege gegen unvollkommene und verstreute gebäudeansammlungen ohne saubere lücken. dann lieber gar nichts.

gravierender noch als die negative dynamik der lücke ist ihre konstruktive. köln hätte weder kirchen noch museen, keine kneipen, keine firmen, keine geschäfte – genau genommen gar nichts – wenn es die lücke nicht gäbe, die in dieser stadt nicht beim namen genannt wird.

die kirchen entstanden, weil geistliche herren lücken in der verbreitung des christlichen glaubens vermuteten, demnach eine gefährliche religiöse unterversorgung. auch das museum ludwig war zunächst nichts als eine große lücke. nämlich der unerfüllte wunsch eines schokoladenfabrikanten, die gewinne aus seinen profanen dickmachern zu adeln. nach den ersten 400 bildern wurde diese lücke immer zwingender, nämlich zur sucht, den bestand mit weiteren werken zu einem lückenlosen archiv moderner kunst zu erheben. der gute herr ludwig war genau genommen sein leben lang eine halbgefüllte pralinenschachtel.

die kölner kneipen stoßen genauso in lücken wie bäcker, bordelle oder industrieunternehmen. in diesem fall in markt-

a challenge, a motivation, a catalyst: an extremely dynamic quantity.

Alexander the Great, for example, discovered an Egyptian gap in his empire in 332 BC. In response, he advanced with his army through Tyre and Gaza to Memphis, where he had himself crowned Pharaoh. All the world's wars are based on gaps. They are either geographical in nature, or exist as large vacuums in the minds of the powerful. As a rule, both. The only exception is the US government. It wages wars of defence against imperfect and scattered collections of buildings without any clearly defined gaps. In that case, nothing at all is preferable.

The constructive dynamism of the gap is even more serious than its destructive dynamism. Cologne would not have any churches or museums, no pubs, no businesses, no shops – indeed absolutely nothing – if there were not that gap whose name its people will not pronounce.

The churches arose because clerical gentlemen suspected there were gaps in the dissemination of Christian belief – a dangerous religious shortage. The Museum Ludwig, too, was initially nothing but a large gap, namely the unfulfilled wish of a chocolate manufacturer to ennoble the profits from his plebeian fatteners. After the first 400 pictures, this gap became more and more addictive; a compulsion to elevate the collection with further works to a gapless archive of modern art. Good old Mr. Ludwig was, to be precise, a half-full chocolate box his whole life long.

lücken. diese umrissene leere in der wirtschaft funktioniert allerdings. anders als das auffällige nichts in einer häuserzeile. marktlücken entstehen nicht, sie werden gemacht.

hätte nicht vor 35 jahren eine gewissen firma ferrero ein schokoladenei mit herrlich buntem schnickschnack darin erfunden, würde im deutschen schokoladenmarkt eine riesige lücke klaffen. und das, obwohl niemand in der lage wäre, sie wahrzunehmen. marktlücken werden für den menschen erst nachvollziehbar, wenn seine stammkneipe dichtmacht, der gemüsetürke zurück nach anatolien geht oder das haus mit der rot blinkenden lichtreklame einem büroturm weichen muß.

mithin verhalten sich marktlücken ähnlich passiv wie lücken im bundeshaushalt: sie werden gemacht, sind da, aber niemand kann hinterher sagen, wie sie entstanden. dagegen sind zahnlücken, gedächtnislücken, baulücken oder lücken in briefmarkensammlungen ständiger anlaß zu aktionen.

baulücken an prominenter stelle werden jahrlang diskutiert, ermöglichen politikern, alten studienfreunden aufträge für gutachten zu erteilen und werden nach möglichkeit so häßlich geschlossen, daß sich die bürger das gute alte loch zurück wünschen. gedächtnislücken rufen die medizinische forschung auf den plan. andererseits sind sie selbst bestandteil einer therapie. ein lückenloses gedächtnis hätte schon etliche minister zum suizid getrieben.

zahnlücken ermöglichen saubere pfeiftöne und sind ein nicht zu unterschätzender wirtschaftsfaktor. in der jüngsten

Cologne's pubs are thrusting out into gaps in the same way as its bakers, brothels or industry. In this case the gaps are openings in the market. This delineated void in the economy does of course function differently from the striking emptiness in a row of houses. Market openings do not arise of themselves; they have to be made.

If a certain company named Ferrero had not invented a chocolate egg with wonderfully colourful trinkets inside it 35 years ago, there would be a huge, yawning gap in the German chocolate market. And that although no-one would be able to see it. Market openings only become obvious to people when their local pub closes, the Turk who sold vegetables goes back to Anatolia or the building with the flashing red neon advertisement is demolished to make way for an office block.

Consequently, market openings behave just as passively as gaps in the government's budget: they are made, and are there, but no-one can say afterwards how they got there. Gaps between teeth, gaps in memory, gaps between buildings and gaps in stamp collections, in contrast, are always grounds for action.

Gaps between buildings at prominent locations are discussed for years, enable politicians to place orders for surveys with old college friends, and wherever possible are then filled in such an ugly way that the local residents want the good old hole back. Gaps in memory call medical researchers onto the scene. On the other hand, they are themselves components of therapy. A memory without gaps would have driven count-

vergangenheit verhalfen sogar chinesische dentallabors zu einer teilprosperität. der andere teil verblieb bei deutschen zahnärzten, welche die lückenfüller als made in germany abrechneten.

ich gehe sogar noch einen schritt weiter und behaupte: ohne lücken keine evolution, keine hinwendung zum guten und bösen – kein leben. eine ausnahme bilden lediglich die reklame-spots, speziell in bestimmten privatsendern. wären sie heute abend plötzlich verschwunden, sie würden ein lücke hinterlassen, die sich von selbst schließt.

less ministers to suicide by now. Gaps between the teeth produce clear whistling sounds and cannot be underestimated as an economic factor. In the recent past, they even helped Chinese dental laboratories to partial prosperity. The other part remained with the German dentists who had charged for the gap-fillers as products Made in Germany.

I would even go one step further and assert that without gaps there is no evolution, no orientation towards good or evil – and no life. The sole exception is the commercials, especially those on private television stations. If they suddenly disappeared this evening they would leave a gap which would close itself.

zu den autoren *about the authors*

franco bolelli lebt in mailand, wo er geboren wurde. philosoph, schriftsteller, schöpfer von ereignissen. erfand und leitete frontiere, ein großartiges festival der fortgeschrittenen, globalen welt. veröffentlichte zahlreiche bücher, zuletzt «più mondi».

michael kohtes, geboren 1959, lebt als schriftsteller und rundfunkredakteur in köln. von ihm erschienen u.a. «der rausch in worten. ein essay», zusammen mit kai ritzmann (1987); «hysterie und beschwichtigung. ausgewählte gedichte 1984-1990» (1990); «nachtleben. topographie des lasters» (1994); «literarische abenteurer. dreizehn portraits» (1996) und zuletzt «boxen. eine faustschrift».

peter köhler, geboren 1957, lebt als journalist, schriftsteller und promovierter nonsenswissenschaftler in göttingen. er hat zuletzt u.a. veröffentlicht: «geh mir aus der sonne! anekdoten über philosophen und andere denker» (stuttgart 2001) und zusammen mit jürgen roth: «edmund g. stoiber. weltstaatsmann und freund des volkes» (frankfurt am main 2002).

jochen schimmang, geboren 1948 in northeim und aufgewachsen in leer (ostfriesland), lebt nach 30 jahren in berlin, köln und paris seit 1999 wieder in leer. er ist erzähler und essayist, debütierte 1979 mit dem roman «der schöne vogel phönix» und veröffentlichte zuletzt den roman «die murnausche lücke» und die vier stadtveduten «vier jahreszeiten» (beide 2002).

Franco Bolelli, born in Milan, where he still lives. Philosopher, writer and creator of events. Has created and directed frontiere, a great festival about the advanced, global world. Has published many books, especially the new «Più mondi»

Michael Kohtes, born in 1959, lives and works in Cologne. He is an author and radio journalist, and has published, among other works, «Der Rausch in Worten. Ein Essay» (Intoxication in words. An essay) together with Kai Ritzmann (1987), »Hysterie und Beschwichtigung. Ausgewählte Gedichte 1984-1990» (Hysteria and Pacification. Selected poems 1984-1990) (1990), «Nachtleben. Topographie des Lasters» (Night life. The topography of vice) (1994), »Literarische Abenteurer. Dreizehn Portraits» (Literary adventurers. Thirteen portraits) (1996) and, most recently, «Boxen. Eine Faustschrift» (Boxing. A Fistschrift).

Keith Lunn, born in 1955, lives in Essen and has published nothing, although much of what he has written has been published. He is thoroughly convinced of his own unimportance and arrogant enough to believe that everyone else should be convinced of theirs. When he was younger he wrote some poetry, but after a nearly fatal attack of embarrassment (a disease which once proliferated, but now can be simply cured by political office or media exposure) he gave it up. A vestigial addiction remains, however, and he sometimes translates other people's verse, but only on Sunday afternoons.

conway lloyd morgan lebt und schreibt in london: vormals herausgeber des international design yearbook, ist er jetzt herausgeber der avedition rockets. sein buch über marc newson wird 2003 veröffentlicht.

reinhard siemes, geboren 1940 in remscheid. texter in mehreren werbeagenturen, u.a. ddb düsseldorf, ggk basel und düsseldorf. seit 1976 texter im büro für werbung r. siemes, münchen. leiter der adc-cityseminare. gründer und leiter der www. texterschule.de. lohnschreiber (w & v, tagesspiegel). gastdozent an hoch- und fachhochschulen. radfahrer, jps-raucher, hobbykoch.

Peter Köhler, born in 1957, lives and works as a journalist, author and Doctor of Nonsense in Göttingen. His most recent publications include «Geh mir aus der Sonne! Anekdoten über Philosophen und andere Denker» (Get out of my light! Anecdotes about philosophers and other thinkers) (Stuttgart 2001) and, together with Jürgen Roth, «Edmund G. Stoiber. Weltstaatsmann und Freund des Volkes» (Edmund G. Stoiber. World statesman and friend of the people) (Frankfurt am Main 2002).

Jochen Schimmang was born in Northeim in 1948 and grew up in Leer, East Frisia. After 30 years living in Berlin, Cologne and Paris, he returned to Leer in 1999. He is a novelist and essayist, publishing his first novel «Der schöne Vogel Phönix» (The Beautiful Phoenix) in 1979, and most recently the novel «Die Murnausche Lücke» (The Murnau Gap) and the four urban vedutas «Vier Jahreszeiten» (Four Seasons), both in 2002.

Conway Lloyd Morgan lives and writes in London: former editor of the International Design Yearbook, he is editor of the avedition rockets series. His book on Marc Newson will be published in 2003.

Reinhard Siemes, born in Remscheid in 1940, has worked as a copywriter in several advertising agencies, including DDB in Düsseldorf and GGK in Basle and Düsseldorf. Since 1976, he has written copy for Büro für Werbung R. Siemes, in Munich. He is the leader of the ADC City Seminars, founder and manager of www. texterschule.de, a contract writer (w & v, Tagesspiegel), visiting lecturer at universities, cyclist, JPS smoker and amateur chef.

der entwurf *the design*

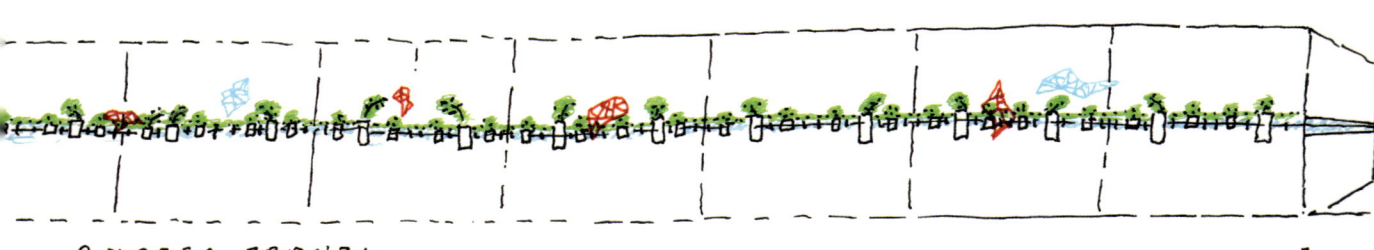

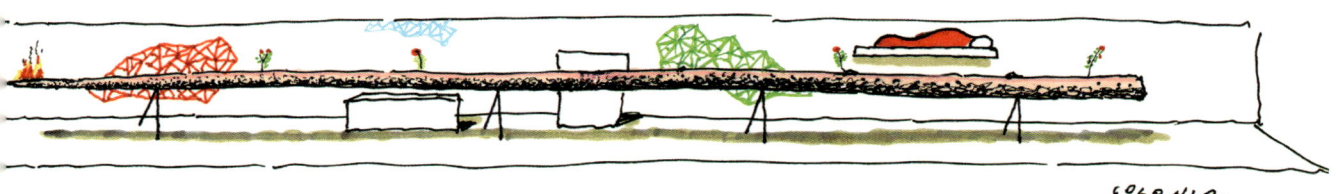

der rosengarten
the garden of roses

der felsen
the rock

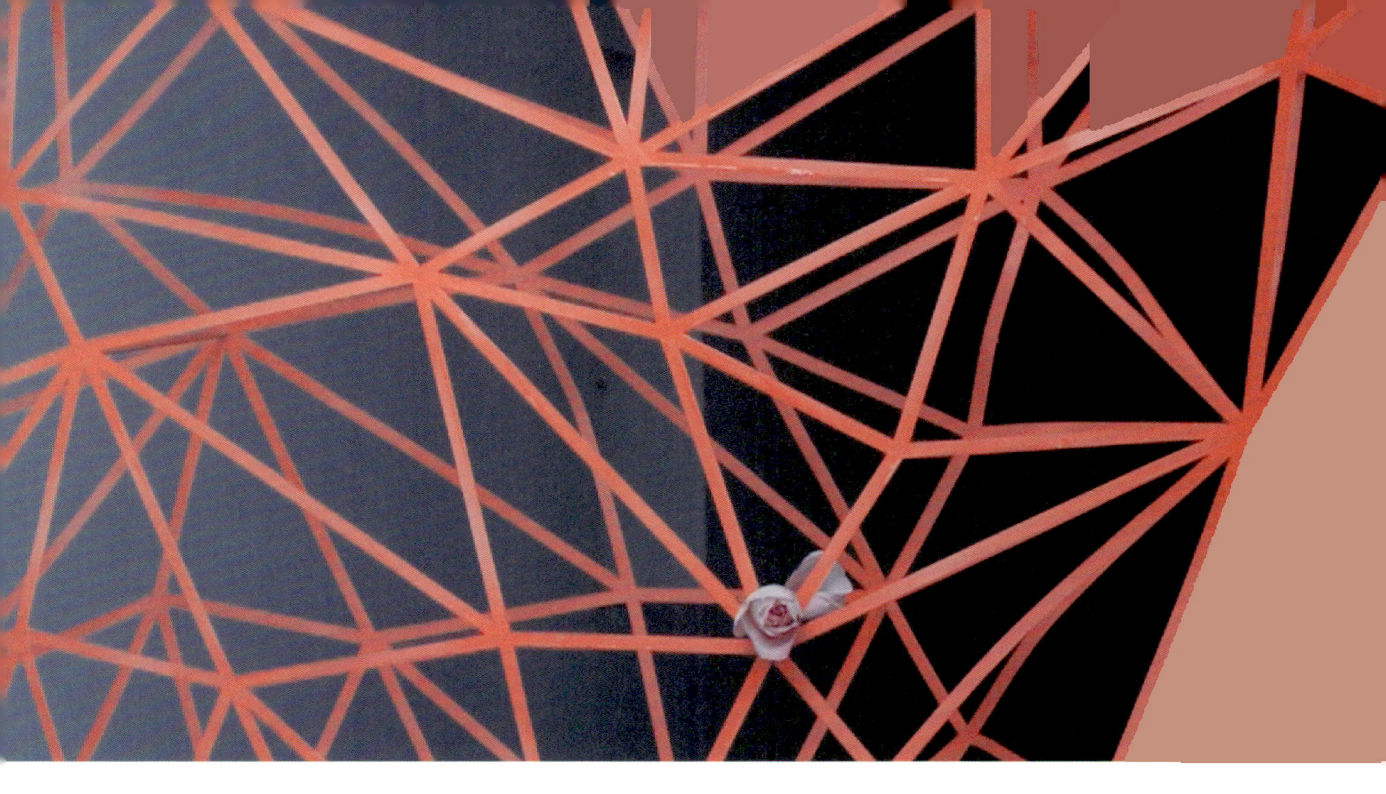

der dschungel
the jungle

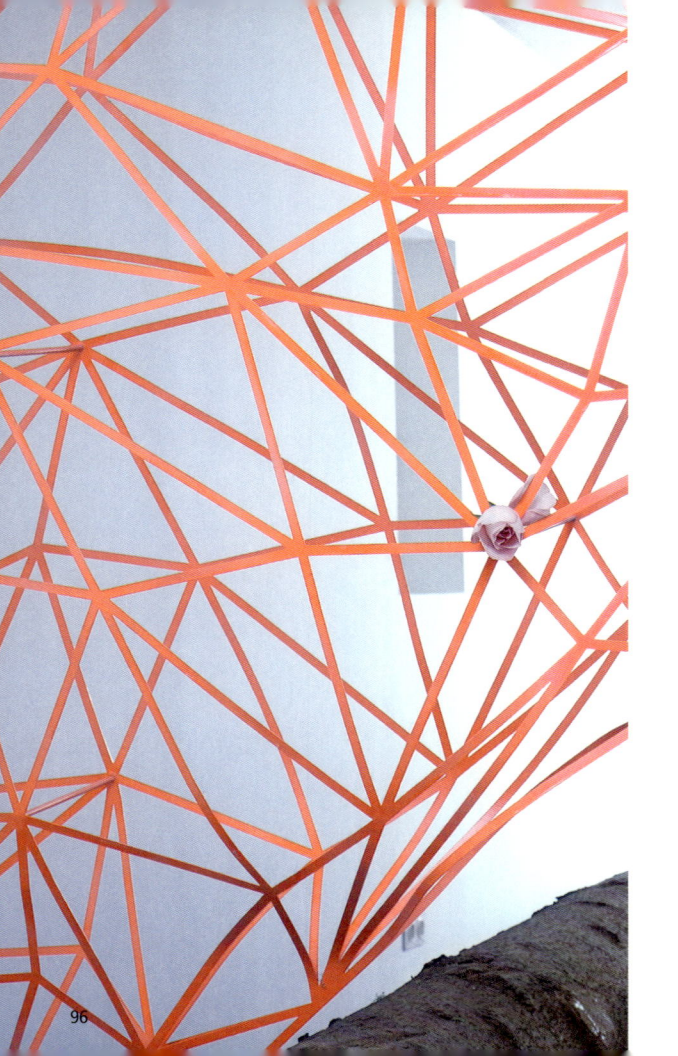

alice schläft
alice sleeps

nachwort *epilogue*

**wo die wilden kerle wohnen.
nach maurice sendak.**

aktentasche wieder geknickt. glupschauge sitzt drauf. hat so große glupschaugen, doch nicht zum sehen, nur zum glupschen. müfft auch. müfft immer um diese zeit. vollbremsung. glupschauge nach vorn geschleudert. aktentasche befreit. raus hier, bevor die anderen rein wollen. was wollen die alle hier bei glupschauge, im muff, in der marterkammer der gepflegten aktentaschen?

rolltreppe hoch. den kiosk der trübseligkeiten links liegenlassen. rein in den niesel. supersanft. so muß es sein. wozu hat man seine schwimmhäute, wenn nicht für diesen niesel? schwimm, schwimm, ruder bis zur tür. gleich gehts wieder los.

flossen ablegen. taucherbrille lüften. ohrenstöpsel rausnehmen. neinneinnein, die bleiben. ist so schön, gerade. tür schlägt nach innen auf. erzeugt sog, zieht gemein rein. will da nicht rein, muß aber. will noch mal luft schnappen, aber zu spät. sauger ist schon an, saugt und saugt und saugt und drin bin ich.

*Where the Wild Things Are.
With apologies to Maurice Sendak.*

Briefcase snapped shut again. Goggle-eye is sitting on it. Such huge goggly eyes, but not to see with, just to goggle. Smells fusty, too. Always smells fusty around this time. Stand on the brakes. Goggle-eye catapulted forwards. Briefcase liberated. Get out of here before the others want to come in. What do they all want here with goggle-eye, in the fusty smell, in the torture chamber of well-groomed briefcases?

Up the escalator. Leave the kiosk of afflictions behind on the left. Into the drizzle. Supersoft. As it should be. What have we got our webs for, if not for this drizzle? Swim, swim, row to the door. It'll start off again soon.

Take the flippers off. Lift the diving mask. Remove the earplugs. Nonono, they stay in. Feels good like that, just. Door opens inwards. Creates suction, doesn't half draw you in. Don't want to go in, but have to. Want to get another breath of air, but too late. Vacuum's already on, sucks and sucks and sucks and I'm inside.

tür schlägt nicht zu. tür schlägt nie zu. kann gar nicht. kann nicht mal fallen. kann übrigens auch nicht schließen. ist nur irgendwann eins mit der front. ist nicht zu, versteckt sich nur. spielt blinde kuh. such mich doch, such, bin eine tür, doch du findest mich nicht. architekten spielen solche spiele.

heiligenkammer begrüßt mich. gott zum gruße. stromkabel nicht angeschlossen. keine leitung zum allerhöchsten. füße stehen stumm auf bastmatte. sind so große füße. fleckig hier.

blicke nach hinten. hört nicht auf, der blick. felsrosenfeld im feuer am baum. klingt wie ein gericht, aber eins von der teuren sorte. mal sehen, obs den anderen schmeckt. uns schon. ham sie ordentlich angerichtet, die drei. für ein trinkgeld. wir schreiben an, bis zum nächsten mal.

rendel & spitz
köln, im januar 2003

Door doesn't slam. Door never slams. Can't. Can't even fall shut. Can't close either. Is just sometimes one with the front. Isn't closed, just hiding. Playing blind man's buff. Come and find me, look for me, I'm a door, but you won't find me. Architects play games like that.

Chamber of saints greets me. Greetings to God. Power cable not connected. No line to the Highest. Feet stand mute on bast mat. They're such big feet. Speckled around here.

Glances behind. Doesn't stop, the gaze. Rose de rocaille au feu à l'arbre. Sounds like a dish on a menu, but one of the expensive kind. Let's see whether the others like it. We do. Served it up nicely, the three of them. For a gratuity. We'll put it on the slate, till the next time.

Rendel & Spitz
Cologne, January 2003

mit besonderem dank an
with special thanks to:

anke bakker
ciamak bazzazi
franco bolelli
design gallery milano
isabelle galzin
mira heinze
marie-claude herms
olivia herms
thorsten hesselink
thomas kirschnick
ralf köchling
peter köhler
michael kothes
anke landsberg
conway lloyd morgan
thomas mayr-landsberg
nicoletta morozzi
berthold roling
hannah schaub
jochen schimmang
dieter schmitz
reinhard siemes
paul tahon
perrine vigneron
chiara zanini
marion zimmer

bildnachweis
picture credit

andrea branzi:
8, 13, 82/83

ronan & erwan bouroullec:
22, 27, 29, 30, 32, 33, 35-37, 40/41,
90, 93, 94, 99, 105

paul tahon, lille:
14/15, 84-89, 91, 92, 95-98, 100-104

rendel & spitz, köln:
18-21, 23, 24-26, 28, 31, 34, 35, 38,
39

maurice sendak:
108 (aus *from*: maurice sendak: wo
die wilden kerle wohnen. copyright
© 1967 diogenes verlag ag zürich)